JN437111

동양고전신역 9

쉽게 배우는

안씨가훈
顏氏家訓

저자 안지추 顏之推
편역 김창진 金昌辰

傳統文化硏究會

김창진金昌辰

주요 학력 서울교육대학교
국제대(현 서경대) 국어국문학과
경희대 대학원 국어국문학과(문학석사)
경희대 대학원 국어국문학과(문학박사)

주요 경력 초당대 교양학부 교수(前)
국어국문학회 이사(前)
한국한자한문교육학회 부회장(前)
전통문화연구회 이사(前)
어문정책정상화추진회 이사(現)
남악신문 논설위원(現)
한국문협 회원(現)

논 저 《한글전용은 위헌違憲이다》
《국어기본법은 위헌違憲이다》
《작문의 정석》
《수필이론 바로 세우기》 등 10여 권

수 상 제1회 청다靑多 이유식 문학상

목 차

간 행 사

고전古典은 수백 수천 년에 걸쳐 형성된 인류의 다양한 경험과 지혜가 온축된 문화와 지식의 보고寶庫로서, 인간의 근원적인 문제에 대한 각종 질문과 해답이 여기에 고스란히 담겨 있다. 그래서 길게는 2천 년이 넘는 시간적 거리를 초월하여 오늘날에 이르기까지 여전히 우리에게 지적知的 정서적情緖的 자양분이 되어 지식과 교양을 가르쳐주는 인생 교과서로 확고하게 자리잡고 있다.

동도서기東道西器라고 하듯이, 동양의 정신문화와 서양의 과학기술이 소통과 조화를 이루는 가운데 인류문명의 균형 있는 발전을 도모하는 것은, 오늘날에도 여전히 우리에게 중요한 화두가 되고 있다. 그리고 동도東道의 핵심은 수천 년의 역사와 전통이 살아 있는 동양고전東洋古典에 오롯이 담겨 있다.

그런데 오늘날 우리는 고전의 시대와 사회적 문화적 환경이 현격하게 다른 시대를 살고 있다. 그 차이만큼 언어적으로 괴리감과 이질감이 생겨 고전을 어렵게 느끼는 독자들이 많이 있다. 오랜 세월 우리 언어생활에서 중요한 도구로 쓰였던 한자漢字와 한문漢文을 교육함으로써 그 괴리감과 이질감을 일정 정도 해소할 수도 있겠으며, 그것과 함께 고전을 현대적으로 쉽게 번역하여 독자들이 친근감을 갖고 접근하게 하는 방안도 마련할 필요성이 제기된다.

이에 본회에서는 동양문화를 이해하는 데 필수적인 기본서이자 우리나라에 많은 영향을 끼친 고전을 중심으로 하여, '동양고전신역東洋古典新譯'을 기획하였다.

이 책은 사계斯界의 최고 전문가들로 번역진을 구성하여 동양고전을 원의原義에 충실하게 현대화하고 대중화함으로써, 일반인의 교양을 증진시키고, 지식인과 문화인에게는 동양고전 이해의 기초자료를 제공하며, 아울러 한국학과 동양학 연구의 자생력과 효율성을 제고하는 데도 기여할 것이다. 더 나아가 인문 분야는 물론 정치·경제·사회·문화 전 분야에도 긍정적인 영향을 미칠 것으로 기대된다.

문화의 시대 21세기의 시대적 상황에 걸맞게 동양고전을 새롭게 번역하고 정리하는 일은, 오랜 역사 위에 축적된 선현先賢들의 업적과 현대 학문을 이어주는 튼튼한 가교架橋와 초석礎石이 될 것이며, 그것을 기반으로 우리의 문화를 창조적이고 획기적으로 발전시켜 동북아의 선도가 되고 세계 문화에도 크게 기여할 것이다. 이에 각계의 많은 관심과 성원을 기대하는 바이다.

사단법인 전통문화연구회 이사장 이계황李啓晃

편역자 서문

오늘날 한국 사회가 대가족제도에서 소가족제도로 바뀌면서 가정교육이 소홀해지고 있다. 할아버지, 아버지의 밥상머리 교육이 거의 사라졌다. 매우 안타까운 일이다. 부모가 자식을 사랑한다면 어릴 적에 반드시 가정교육을 해야 한다. 그 가정교육에 도움이 될 자료로서 《안씨가훈顏氏家訓》을 추천한다.

중국인들은 1,500년 전부터 부모들이 가정교육을 하는 데 《안씨가훈顏氏家訓》에 큰 도움을 받았다. 한국과 중국은 같은 한자문화권으로서 여러 면에서 통하는 것이 많다. 그러므로 이 책은 한국인들에게도 가훈으로서 좋은 참고자료가 된다. 이번에 전통문화연구회가 《쉽게 풀어 쓴 안씨가훈顏氏家訓》을 내놓는 의의이다.

《안씨가훈顏氏家訓》은 중국 남북조南北朝 시대 말기의 귀족 안지추(顏之推, 531~591) 선생이 자손을 위하여 남긴 교훈서이다. 2권 20편 총 206가지의 이야기가 실려 있다. 이 책은 이미 전통문화연구회에서 정재서 교수 등이 훌륭하게 번역해서 내놓은 바 있다. 그 책은 정통적인 한문 번역서로서 직역했다. 그러나 본문이 간략하여 그 본문 해석만 보아서는 무슨 의미인지 이해하기 어렵다. 그래서 본문 이해를 돕기 위해서 본문 아래에 주석을 따로 달았다. 그러나 그 주석도 한문 번역 위주라 이해하기 쉽지 않다. 또한 본문과 주석을 따로 읽어야 하므로 읽기도 번거롭다.

그래서 이번에 일반인도 쉽게 이해할 수 있게 《쉽게 풀어 쓴 안씨가훈》을 펴내게 되었다. 이 책은 본문 번역을 융통성 있게 의역하여 독자가 이해하기 쉽게 했다. 또 본문의 이해를 돕기 위한 참고자료를 본문 번역과 합쳤다. 그래서 독자가 본문만 읽고도 내용을 이해할 수 있게 했다.

그밖에 새 번역자가 독자의 이해를 돕기 위해 덧붙이고 싶은 말은 해당 내용 아래에 ※표를 하고 〈편역자 생각〉을 달았다. 안지추 선생이 쓴 내용에 대해 보충 설명을 해야 하거나 또 그 글이 현대 한국인에게 어떤 의미가 있는지 설명하고 싶을 때 가끔 〈편역자 생각〉을 덧붙였다.

중국에는 명문가의 가훈이 여럿 전해 내려온다. 삼국 시대 제갈량諸葛亮의 〈계자서誡子書〉, 혜강嵇康의 〈가계家誡〉, 동진東晋 시대 도연명陶淵明의 〈책자責子〉, 유송劉宋 시대 왕승건王僧虔의 〈계자서誡子書〉 등은 중국 가훈서의 모태다. 이러한 전통을 이어받아 안지추의 《안씨가훈》이 위진남북조 시대에 나왔다.

《안씨가훈》은 '가훈'이라는 말을 최초로 쓴 책으로서, 본격적인 가훈이라 할 만하다. 그래서 실질적인 '가훈'의 비조로 손꼽히며, 후대 '가훈'에 지대한 영향을 미쳤다. 《안씨가훈》을 시작으로 그 뒤에 '가훈'이라는 이름을 붙인 책들이 많이 나왔다. 당나라의 《유씨가훈柳氏家訓》, 송나라 때 사마광司馬光의 《가범家範》·주희의 《주자가훈朱子家訓》·원채袁采의 《원씨세범袁氏世範》, 원나라의 《정씨가범程氏家範》, 명나라의 《방씨가훈龐氏家訓》 등이 대표적이다.

저자 안지추 선생은 남조南朝의 양梁나라 무제(武帝, 재위 502~49) 때 태어났다. 548년, 장수 후경侯景이 반란을 일으켜 왕권을 찬탈하자, 그는 후경에게 체포되어 고초를 겪었다. 552년, 무제의 일곱째 아들 소역蕭繹이 후경을 물리치고 원제元帝로 등극하자, 도읍인 업鄴으로 복직하여 관직을 하사받았다. 하지만 554년 서위西魏의 공격으로 원제가 사망하고 강릉이 함락되었다.

양나라가 멸망하자, 안지추 선생은 생포되어 관중의 장안으로 압송되었다. 얼마 후 장안을 겨우 벗어나 556년에 북조北朝의 북제北齊에 의탁하여 벼슬살이했다. 그러나 577년 북제가 북주北周에 의해 멸망당했다. 북제가 멸망하자, 그는 다시 장안으로 가서 북주에서 벼슬했다. 그러나 577년 북주도 양견楊堅에게 멸망당했다.

양견은 중국을 통일하여 수나라를 세우고 문제文帝로 등극했다. 안지추 선생은 수나라 문제 아래서도 벼슬을 했지만 얼마 후 60여 세로 병사했다.

안지추 선생은 여러 나라가 망하고 흥하는 혼란스러운 시대에 태어났다. 그 속에서 여러 나라를 떠돌면서 벼슬하면서 헤아릴 수 없는 고생을 했다. 그러면서 그는 자신이 겪은 체험을 바탕으로 자식들에게 세상을 살아가는 교훈을 남겨주어야겠다고 마음먹게 되었다. 그렇게 하여 이 책을 써냈다. 이 책은 안지추 선생이 북제에 벼슬한 때부터 집필을 시작해서, 북주를 거쳐 수나라에서 벼슬할 때 완성되었다. 인생 말년 몇 년 사이에 쓴 책이다.

《안씨가훈》은 무려 1,500년 전에 나왔다. 내용도 다양하고 훌륭하다. 그래서 현재까지도 중국의 대표적인 가훈으로서 널리 읽히고 있다. 이 책이 훌륭한 점은 세 가지로 요약할 수 있다.

첫째, 이 책은 가훈이지만 관념적이거나 훈계조가 아니라 저자의 체험에 바탕을 둔 현실적인 충고조의 글이다. 저자는 자신의 평생을 돌아보며 거기서 얻고 깨달은 생활철학을 담담히 풀어놓는다. 인생 선배가 후배에게 다정하게 이야기를 들려주는 듯 문체가 온화하다. 그래서 독자는 마음 편하게 받아들이기 쉽다. 딱딱한 이론적인 교훈서와는 다른 장점이다.

안지추 선생은 자신이 몸소 겪은 여러 경험을 바탕으로 가족 간의 도덕, 자식 교육, 형제 관계, 집안을 다스리는 법, 대인관계, 당시 사대부들의 풍속, 왕이나 부모 성함의 피휘 문제, 성현을 본받는 법, 공부하는 법, 관리로서 처세하는 법, 한가한 시간을 보내는 법 등에 이르기까지 허심탄회하게 풀어놓고 있다.

그는 유교의 상식적인 합리주의를 중시하되, 사회에서 생존하기 위한 실용 가능한 학문을 해야 한다고 주장한다. 그래서 관리도 농사를 알아야 한다고 주장한다. 그런 까닭에 현실을 모르는 관리들을 좋지 않게 보았다. 또 현학적인 노장老莊 사상도 좋지 않게 보았다. 그러나 불교에는 호의를 나타내면서 유불儒佛의 조화를 주창했다.

이러한 다양한 내용들을 온화한 어조로 소탈하고 딱딱하지 않게 써놓았다. 또 균형 잡힌 사고방식으로 어느 한 편에 치우치지 않고 과격하지 않다. 그래서 읽거나 받아들이기에 편하다.

둘째, 저자가 박학다식한 교양을 바탕으로 다방면에 걸쳐서 풍부한 내용을 담았다. 저자가 학자로서 평생 공부한 내용과 벼슬아치로서 겪은 경험이 이 책 한 권에 모두 녹아 들어 있다. 그래서 그냥 일반 교양서로서도 읽을 만한 가치가 있다.

안지추 선생은 중국 남쪽의 한족과 북쪽의 이민족이 싸우던 혼란한 시대에 살았다. 그는 자신의 고국인 양나라가 망하는 아픔을 경험했으며, 오랫동안 양梁, 제齊, 주周, 수隋 등의 나라를 떠돌며 살았다. 그러면서 그는 자신의 고향인 중국 남부는 물론 북부의 풍속, 정치, 학문 등을 두루 겪게 되었다. 그렇게 자기가 겪은 남방과 북방의 문화를 비교하여 이 책에 써놓았다. 그리하여 이 책에는 중국의 남방과 북방의 정치·사회·교육·언어·문학·예술·경제생활·풍속·학문·종교·문자·음운·속언이나 방언·놀이 등 다방면에 걸쳐서 다양한 내용이 들어 있다. 저자 안지추가 워낙 박학다식한 인물이기에 이런 다채로운 책을 쓸 수 있었던 것이다. 이 책은 위진 남북조 시대의 중국 전반을 이해하는 사료史料로서 귀중한 가치가 있다.

셋째, 《안씨가훈》이 좋은 책이라는 건 안지추 가문에서 훌륭한 인물들이 많이 배출되었다는 사실에서 증명된다. 대표적인 인물로는 당나라의 안사고顔師古와 안진경顔眞卿을 들 수 있다.

안지추 선생의 손자인 안사고는 《한서漢書》를 주석한 유명한 역사학자이다. 안사고는 《한서》 해석의 권위자이다. 또 안지추의 5대손인 안진경은 중국 역사상 최고 명필 중 한 명으로서 왕희지와 어깨를 겨룬다. 안진경체는 당나라 이후 중국 서예의 모범이 될 정도였다. 우리나라에서도 안진경체는 서예의 모범으로 전해져 내려왔다.

《쉽게 배우는 안씨가훈顔氏家訓》의 표기는 한자를 병기하여 한글전용에 익숙한 현대인들도 읽는 데 어렵지 않게 했다. 이 책이 번역의 대본으로 삼은 판본은 왕이기王利器 선생이 1980년 상해고적출판사上海古籍出版社에서 출간한 《안씨가훈집해顔氏家訓集解》이다. 아무쪼록 이 책이 오늘날 소홀해지고 있는 가정교육의 참고 자료로서 널리 애용되기를 바란다.

2025년 4월

번역자 김창진金昌辰 삼가 씀

일러두기

1. 본서는 동양고전신역東洋古典新譯《안씨 집안의 가르침, 안씨가훈》이다.
2. 본서는 동양고전역주총서69 《역주 안씨가훈顔氏家訓 1·2》(책임번역 정재서鄭在書, 공동번역 노경희盧暻熙)을 동양고전신역으로 편역하였다.
3. 본서는 《역주 안씨가훈顔氏家訓 1·2》를 저본으로 하되, 한문漢文 원문을 제외한 번역문만 대중의 눈높이에 맞추어 정리하였다.
4. 각 문장의 배치는 저본의 순서와 동일하며, 편역자의 의견이 부가된 부분은 〈편역자 생각〉이라는 제목을 달아 정리하였다.
5. 번역문飜譯文에 한자漢字 병기併記를 최소화하였으며, 맞춤법과 띄어쓰기는 한글 맞춤법과 표준어 규정을 따르는 것을 원칙으로 하였다.
6. 저본에 달린 주석註釋은 본문에서 자연스러운 문장으로 풀어내었다.
7. 저본에 달린 소제목은 편역한 내용에 어울리게 수정하여 달았다.
8. 본서에 사용된 주요 부호符號는 다음과 같다.

“ ” : 대화, 인용

‘ ’ : 재인용, 강조

《 》: 서명書名

〈 〉: 편명篇名, 작품명作品名

※ : 편역자 생각

안씨가훈
顔氏家訓

제1편 머리말

1. 내가 이 책을 짓는 까닭

성인과 현인이 남긴 글은 사람에게 충성과 효도를 가르친다. 말을 삼가고 몸가짐을 단속하여 한 몸을 내세우고 그 이름을 떨치라고 한 가르침 또한 이미 갖추고 있다.

그러나 위魏나라와 진晉나라 이래로 써진 여러 학자들의 저술은 도리가 중복되고 내용도 되풀이되어 서로 베껴 모방한다. 마치 지붕 아래에 또 지붕을 내고, 침대 위에 다시 침대를 편 모습과 같다.

내가 이제 다시 이런 책을 짓는 까닭은 감히 사물에 법도를 세우고 세상에 모범을 보이기 위해서가 아니다. 오로지 우리 집안을 바로잡고 자손을 이끌고 타이르기 위해서다.

무릇 똑같은 말도 친한 사람의 말은 미덥고, 똑같은 명령도 평소에 따르던 사람의 명령은 행하기 쉽다. 아이의 심한 장난을 그치게 하는 데는 스승의 훈계보다는 차라리 평소 돌보던 여종의 조언이 낫다. 또 평범한 사람들의 형제간 다툼을 그치게 하는 데는 요순堯舜의 도리보다 차라리 아내의 달램이 낫다.

이 책이 너희들에게 여종이나 아내보다 지혜로운 것으로 미덥게 여겨지기를 바란다.

2. 가정교육이 중요하다

우리 집안의 가풍家風과 가르침은 평소 엄정했다. 나는 일고여덟

살 무렵부터 어른들의 가르침을 받았다. 매일 두 형님의 뒤를 따라 아침저녁으로 부모님의 방이 덥거나 춥지 않은지 살펴드렸다. 또 절도 있는 걸음걸이와 조용한 말씨며 단정한 모습 등을 익혔다. 말과 행동을 조심하고 공경함이 마치 엄한 임금님을 뵙듯이 했다.

부모님은 부드러운 말로 내게 지시하고, 내가 좋아하는 것에 대해 물으셨다. 내가 모자란 것은 격려하고 잘한 것은 칭찬하셨다. 더할 나위 없이 간절하고 정성스레 하셨다.

막 아홉 살이 되었을 때 홀연 아버님이 돌아가셨다. 집안 형편이 어려워져 온 식구가 다 흩어졌다. 그때부터 자애로운 형님이 나를 기르느라 온갖 고초를 다 겪으셨다. 형은 위엄을 보이기보다는 인자하여, 나를 이끌어 가르침에 엄격함이 없었다.

나는 어려서부터 《주례周禮》와 《춘추좌씨전春秋左氏傳》을 읽었다. 그러나 글쓰기는 그다지 좋아하지 않았다. 게다가 세상 사람들에게 물들어 말을 함부로 내뱉고 용모나 옷차림에는 신경 쓰지 않았다.

열여덟아홉 살 때쯤 되어서는 철이 조금 들어 수양에 신경 쓰게 되었다. 그러나 그동안의 나쁜 습관이 타고난 것처럼 굳어져서 좀처럼 씻은 듯 깨끗해지지 않았다.

스무 살 이후에야 비로소 큰 허물이 드물어졌다. 그러나 항상 마음과 말이 서로 어긋나고, 이성과 감정이 서로 다투었다. 또 밤중만 되면 아침의 잘못을 깨닫고, 오늘이 되면 또 어제의 잘못을 뉘우쳤다. 그렇게 평생을 뉘우치며 살아왔다. 가정에서 좋은 교육을 받은 것이 적어 이 지경에 이르렀구나 싶어 스스로 안타까웠다.

그래서 내가 이 책을 쓰게 되었다. 지난날의 가르침을 돌이켜 생각하고 몸속 깊이 새겨서 글로 정리하여, 이 스무 편을 남긴다. 이것은 그저 눈으로 훑어보고 귀로 흘려듣던 옛 책의 교훈과는 사뭇 다르다.

내 경험에서 우러나온 생생한 내용이다. 그러니 너희들과 자손들이 이 책을 읽어서 나처럼 잘못되지 않게 되기를 바란다.

제2편 자식 교육을 잘하라

1. 교육은 어릴 적이 중요하다

뛰어난 지혜를 가진 이는 가르치지 않아도 저절로 이룸이 있다. 반면에 극히 어리석은 이는 아무리 가르친들 나아질 것이 없다. 하지만 평범한 사람은 가르치면 알고, 가르치지 않으면 알지 못한다. 그래서 평범한 사람에게는 반드시 가르쳐야 한다.

옛날 성스러운 임금에게는 태교胎教의 법도가 있었다. 왕비는 아이를 밴 지 석 달이 되면, 별궁으로 나가 거처하면서 모든 것을 조심했다. 눈으로는 사특한 것을 보지 않았고, 귀로는 망령된 소리를 듣지 않았으며, 음악과 음식도 예법에 따라 절제했다. 태교의 내용을 옥으로 만든 판에 새겨서 금으로 꾸민 궤짝에 간수했다.

왕자가 태어나 두세 살이 되면 웃고 울 줄 알게 된다. 그러면 그때부터 스승이 효도, 인자, 예절, 의리 등의 의미를 잘 알려주고 이를 익히도록 이끌어주었다.

일반 서민들은 이렇게까지 하기는 힘들었다. 하지만 어린아이가 남의 안색을 보고 기뻐하는지 화내는지를 알아차릴 정도가 되면 가르치기 시작했다. 어른이 아이에게 하라고 시켜서 하고, 하지 말라고 시켜서 하지 않으면, 네 살 이후엔 회초리로 벌을 주지 않아도 된다.

부모는 위엄을 보이되 자애로워야 한다. 그래야 자식들이 어려워하고 삼가는 가운데 효도하는 마음이 생겨난다.

내가 세상을 살펴보니, 자식을 가르치지는 않고 사랑하기만 하면 자식이 효도하는 것이 드물다. 아이가 음식을 먹거나 행동거지에 잘못이 있으면 부모가 마땅히 꾸짖어야 한다. 그런데 어떤 부모는 방임하거나 도리어 이를 부추기고 오히려 웃어넘기기도 한다. 그렇게 하면, 아이가 분별력이 생길 나이가 되어도 으레 그리하는 것이 옳은 줄로 여기게 된다.

아이가 교만이 이미 몸에 밴 다음에는 고치기 어렵다. 그때는 버릇을 잡는다고 부모가 죽어라 회초리로 때려본들 위엄도 서지 않는다. 부모가 노여워한들 아이는 원망만 쌓일 뿐이다. 그리하여 장성한 다음에는 마침내 패륜아悖倫兒가 되고 만다.

공자께서 말씀하셨다. "어려서 이룬 것은 천성과 같으며, 습관은 타고난 것과 같다." 옳은 말씀이다. 속담에도 "며느리는 갓 시집왔을 때 길들이고, 자식은 어릴 때 가르치라."고 했다. 정말로 중요한 말씀이다. 이 말을 잊지 말라.

2. 사랑의 매는 필요하다

평범한 사람으로 자식을 못 가르치는 부모일지라도 자식을 죄악에 빠뜨리고 싶어 하지는 않을 것이다. 다만 화를 내고 꾸짖어 자식의 얼굴이 찌푸려지는 것을 보기 난감하고, 차마 회초리로 매질을 하여 살갗을 참혹하게 만들 수 없어서 주저하는 것일 뿐이다.

사랑의 매는 질병을 치료하는 일에 비유할 수 있다. 어찌 쓴 탕약이며 따가운 침뜸을 쓰지 않고 사람을 구할 수 있겠는가? 부지런히 보살피고 가르칠 것만 생각하는 부모가 어찌 골육을 나눈 자식을 가혹하게 대하고 싶겠는가? 그렇지만 사랑의 매는 참으로 어쩔 수가 없이 해야 하는 일이다. 다만 어릴 적에, 꼭 필요할 때만 해야 한다.

3. 자식 교육이 자식의 미래를 결정한다

양梁나라의 법무장관 왕승변王僧辯의 어머니 위부인魏夫人은 성품이 매우 엄격하고도 단정했다. 왕승변이 분성湓城에 있을 때 휘하에 3천 명을 거느린 장수로서 나이가 마흔이 넘었다. 하지만 조금이라도 어머니의 뜻에 어긋나면 어머니는 여전히 회초리를 들었다. 이 때문에 그는 공훈을 이룰 수 있었다.

양 원제元帝 때의 어떤 학사는 총명하고 재주가 있어 아버지에게 총애를 받았다. 그러나 그 아버지는 자식에게 올바른 도리를 가르치는 데는 실패했다. 어쩌다 그의 자식이 옳은 말이라도 한마디 하면 만나는 사람들에게 두루 알리고, 한 해가 다 가도록 자랑했다. 그러나 어쩌다 그의 자식이 잘못을 저지르면 이를 감추고 변명해주면서 스스로 고치기만 바랐다.

그 학사는 결혼하고 벼슬할 나이가 되자 포악하고 교만함이 날로 심해졌다. 마침내 말을 가리지 않고 내뱉다가 주적周逖에게 창자가 뽑혀서 그 피가 북에 발라졌다고 한다. 부모의 가정교육이 중요한 이유이다.

4. 부모와 자식 사이는 가깝고도 멀어야 한다

부모와 자식 사이는 엄숙해야 하니 무람없이 지내선 안 된다. 또 혈육 간에는 사랑이 있어야 하니 소홀히 대해서는 안 된다. 사랑이 부족하면 부모의 자애와 자식의 효도가 잘 생기지 않는다. 또 부모와 자식이 버릇없이 함부로 지내면 태만함이 생겨난다.

《예기禮記》에 "작위와 관직을 부여받은 벼슬아치가 되면 부모와 자식이 서로 사는 곳을 달리한다."고 했다. 이는 무람없이 지내게 하지 않으려는 방도이다. 《예기》는 또한 "부모가 가렵거나 아픈 곳은 긁거나 주물러 드리고, 이불은 개서 올려드리고, 베개는 상자 속에 넣어드린다."고 했다. 이는 자식이 부모에게 소홀히 하지 않아야 한다는 가르침이다.

누군가 내게 물었다.

"진항陳亢이 '군자는 자식을 멀리한다는 것을 들었다.'며 기뻐했다는 것은 무엇을 말하는 것입니까?"

내가 그에게 답변해 주었다.

"그렇습니다. 옳은 말입니다. 대개 군자는 자기 자식을 직접 가르치지는 않는다는 뜻이지요.

《시경詩經》에는 음란하고 불온한 행위를 풍자하고 비판하는 시구들이 있지요. 《예기》에는 피하고 꺼려야 할 일들에 대한 훈계가 담겨 있지요. 《상서尙書》에는 도리에 어긋나고 인륜을 어지럽히는 사실들이 기록되어 있지요. 《춘추春秋》에는 품행이 단정치 못한 사람들에 대한 비난이 담겨 있지요. 《주역周易》에는 만물을 낳는 음양의 이치를 함축한 괘상卦象이 갖추어져 있지요.

이 모두가 부모와 자식 사이에 직접 가르치고 배우기에는 난처한 것이 있습니다. 이 때문에 부모가 자식을 직접 가르치지 않는 것입니다."

5. 자식을 버릇 잘못들이면 망친다

북제北齊 무성제武成帝의 아들 낭야왕琅邪王은 태자와 한 배에서 난 아우였다. 나면서부터 총명하였으므로 무성제와 황후가 함께 그를 몹시 사랑하여 의복이며 음식을 태자와 똑같이 해주었다. 황제는 매번 그의 면전에서 칭찬하기를 "요 똑똑한 녀석, 꼭 큰일을 이룰 것이다."라고 했다.

태자가 즉위하게 되자 낭야왕은 별궁에 거처하였는데, 예우가 분수에 넘쳐서 다른 여러 왕들과 대우가 달랐다. 그러나 태후는 오히려 예우가 부족하다고 여겨서 늘 이를 이야깃거리로 삼았다.

낭야왕은 나이가 열 살 넘어서부터는 교만하고 방자하기 이를 데 없어졌다. 그래서 기물이나 의복 등 기호품을 반드시 황제를 따라 같이 했다. 언젠가 낭야왕이 남쪽 전각에서 황제를 뵐 때, 황실의 주방을 맡던 관리가 막 꺼낸 얼음을 황제에게 진상했다. 또 과수원을 맡던 관리가 철 이른 오얏을 황제에게 헌상했다.

낭야왕은 집에 돌아와 그것들을 찾았으나 얻지 못했다. 그러자 크게 화를 내며 "황상은 이미 가졌는데, 내게는 어찌하여 없는가?"라고 아랫사람들을 꾸짖었다. 낭야왕이 분수를 모르기가 이 지경이었다. 식견 있는 이들은 춘추시기의 숙단叔段과 주우州吁에 비겨 낭야왕을 비난했다.

숙단은 정鄭나라 무공武公의 아들로 맏이인 장공莊公의 동생이다. 그의 어머니 무강武姜은 큰아들 장공보다 둘째인 숙단을 사랑했다. 그래서 장공이 왕으로 즉위한 이후에도 숙단은 어머니와 결탁하여 장공을 해치려 했다. 이에 장공이 마침내 그를 토벌하여 다른 나라로 쫓아버렸다. 주우는 위衛나라 장공莊公의 아들로서 환공桓公의 배다른 아우이다. 그는 형 환공을 시해하고 왕이 되었으나, 1년도 되지 않아 그도 신하들에게 시해되었다.

낭야왕은 나중에는 재상을 미워하다가 조칙을 멋대로 고쳐 그를 참수했다. 뿐만 아니라, 재상을 구원하려는 세력이 있을까 두려워 휘하의 군사를 지휘하여 궁궐 문을 지키게까지 했다. 그는 어차피 반란을 일으키려는 의도는 없어 황제의 위로를 받자 곧 군사를 물렸다. 그러나 나중에는 마침내 이 일에 연루되어 유폐된 채 죽임을 당했다.

6. 자식을 편애하면 자식과 집안을 망친다

부모들이 자식을 사랑하지만 못난 자식까지도 골고루 사랑할 수 있었던 부모는 드물었다. 그래서 예로부터 지금껏 이로 인한 폐해들이 많았다.

똑똑하고 잘난 자식이야 자연스레 사랑을 베풀겠거니와, 어리석은 자식 역시 긍휼히 여겨 어여뻐해야 한다. 편애하게 되면, 설사 그에게 두터운 사랑을 베풀려고 해도 도리어 이것이 그를 재앙에 빠뜨리는 원인이 된다. 부모의 편애가 집안을 망친 사례는 다음과 같다.

정鄭나라 공숙단共叔段의 죽음은 어머니가 원인이었다. 어머니 무강武姜이 큰아들인 장공은 미워하고 둘째인 숙단만 편애했기 때문이다. 장공이 왕이 된 후에도 그 어머니는 숙단과 결탁해 장공을 몰아내려 했다. 이에 장공이 마침내 숙단을 다른 나라로 쫓아버렸다. 그래서 숙단이 죽게 된 것이다.

한나라 조왕趙王이 살육을 당했던 것은 아버지가 원인이었다. 한 고조 유방劉邦이 척희戚姬를 얻어 조왕 여의如意를 낳았다. 한 고조는 척희의 간청에 태자를 폐하고 조왕을 태자 삼으려 했다. 그러나 황후인 여후呂后가 끝내 그것을 막았다. 고조가 죽고, 여후의 아들인 혜제惠帝가 황제가 됐다. 여후는 조왕을 독주를 먹여 죽였다. 여후는 척희의 수족을 자르고 눈알을 빼내고 귀를 불로 지진 다음 벙어리가 되는 약을 먹여 변소에 살게 했다. 그리고 그녀를 '사람돼지〔人彘〕'라고 불렀다.

후한 형주목荊州牧 유표劉表의 경우, 집안이 기울어 멸족이 되었다. 유표에게는 전처 소생인 장남 유기劉琦와 후처 채씨蔡氏 소생인 차남 유종劉琮이 있었다. 그런데 채씨가 늘 유기를 헐뜯어 아버지의 눈 밖에 나도록 하니, 유기는 스스로 강하태수江夏太守로 나갔다. 훗날 유표가 병이 들자, 채씨는 유기의 병문안을 막고 유종을 후계자로 정했다. 유표가 죽고 조조가 쳐들어오자 유기는 강남으로 달아났다. 유종은 형주를 바쳐 조조에게 투항했다. 이로써 집안이 망했다.

후한 기주목冀州牧인 원소袁紹의 경우, 영토가 찢기고 군대가 패주하여 집안이 망했다. 원소는 장남 담譚, 차남 희熙, 막내아들 상尙을 두었다. 후처 유씨劉氏가 막내 상을 편애하여, 원소는 장남 담을 청주자사靑州刺史로, 차남 희를 유주자사幽州刺史로 내보냈다. 훗날 원소가 조조와의 관도官渡 싸움에서 패한 후, 후계자를 정하지 못한 채 죽었다. 그러자 신하들이 싸우다가 원소의 유명遺命을 빙자하여 상을 후계자로 받들었다. 이에 장남 담은 반발했다. 조조가 쳐들어왔는데도 두 아들은 서로 다투다가 결국 모두 조조에게 패망했다.

7. 자식에게 잡기를 가르치지 말라

북제의 어떤 사대부가 언젠가 내게 말했다.

"제게 자식이 하나 있는데 나이가 이미 열일곱으로 제법 공문서를 쓸 줄 압니다. 게다가 선비족鮮卑族의 말과 비파 타기를 가르쳤더니 점차 통달해가고 있습니다. 이런 재주들로 고관들을 모시고 섬기노라면 총애하지 않을 이가 없을 터이니 이 또한 요긴한 일이지요."

나는 당시 고개를 숙인 채 대답하지 않았다.

이상도 하구나, 이 사람의 자식 교육은! 비록 북제가 선비족이 세운 나라로서 비파를 좋아하긴 한다. 하지만 무릇 사대부가 올바른 공부를 하지 않고 그런 잡된 기술이나 배워서 세상 유행에 아부하려는 건 옳지 않다. 설사 이런 행위로 인해 순조롭게 고관의 자리에 오른다 한들 옳지 않다. 나는 너희들이 그렇게 하는 것을 바라지 않는다.

제3편 형제 관계를 소중히 하라

1. 부부, 부자, 형제는 세 가지 친한 관계다

사람이 있고 나서 부부가 있다. 부부가 있고 나서 부자父子가 있다. 부자가 있고 나서 형제가 있다. 한 집안의 친족이란 이 세 가지〔三親〕뿐이다. 구족九族에 이르기까지 모두가 3친에 근본을 두고 있다. 그러니 3친은 인륜에서 가장 중요한 것이므로 돈독히 하지 않으면 안 된다.

형제란 같은 부모에게서 육신을 나누어 받고 기운을 이어받은 사람들이다. 어린 시절에는 부모가 형제를 좌우에서 이끌어준다. 형제는 앞뒤에서 부모의 옷깃을 끌어당기고 옷자락에 매달린다. 밥은 한 상에서 먹고, 옷은 물려받아 입으며, 공부는 형이 쓰던 책을 물려받고, 밖에 놀러 나갈 적에는 함께 다닌다. 그러므로 아무리 못된 형제가 있더라도 서로 아끼지 않을 수 없다.

그러나 장성해서 각기 아내를 얻고 자식을 갖게 되면 달라진다. 비록 형제간의 우애가 두텁고 좋은 사람이라 할지라도 다소 시들해지지 않을 수 없다. 여자 동서同壻들 사이는 남자 형제에 비교하면 친근함이 덜하다. 그런데 그 시집 온 여자들로 하여금 가깝고 두터운 형제간의 우애를 좌지우지하게 하는 경우가 있다. 이는 바닥은 네모진데 뚜껑이 둥근 것과 같아서 결코 들어맞지 않는다. 오로지 형제가 우애가 아주 깊어서 옆에 있는 사람들에 의해 변치 않아야만 이런 잘못된 일을 면할 것이다.

2. 형제 사이가 벌어지면 안 된다

부모가 돌아가시고 나면 형제가 마치 형체에 그림자가 따르고 소리에 메아리가 따르듯 돌보아야 한다. 부모가 남겨준 몸을 아끼고 자신과 같은 기운을 나눈 이를 사랑하는 일을, 형제가 아니면 누가 할 수 있겠는가?

형제 사이는 남남과 달라서 바라는 것이 많으니 원망하기 쉽다. 하지만 관계가 가까우니 원망을 풀기도 쉽다. 형제 관계는 집에 비유할 수 있다. 집에 구멍이 났다면 곧바로 틀어막으면 괜찮다. 또 틈 하나가 생길 때 흙으로 바르면, 무너져 못 쓰게 될 염려는 없다.

만약에 참새와 쥐가 사정없이 쪼아 갉아댄다면 그래도 가만히 놔두면 어떻게 될까? 또 비바람이 들이쳐도 막지 않는다면 그 집은 어떻게 될까? 벽이 무너지고 기둥이 잠기게 되어 끝내는 무너지고 말 것이다. 비유컨대, 하인과 첩은 참새나 쥐와 같고, 아내와 자식은 비바람과 같다. 이들이 형제간의 우애를 해침이 크니 부디 조심하여라.

3. 형제가 불화하면 불행하다

형제가 화목하지 않으면 그 자식들도 서로 아껴주지 않는다. 그 자식들이 아껴주지 않으면 한 집안의 피붙이들도 멀어지고 야박해진다. 한 집안 피붙이들이 멀어지고 야박하면, 하인들도 원수가 되어 적대한다. 이와 같아지면 낯선 사람들이 우리 집안을 모두 유린하고 모욕한들 그 누가 구해주겠는가?

사람들 중에는 간혹 천하의 선비들과 교유하며 서로 기뻐하고 아껴주면서도 형제들에 대해서는 공경할 줄 모르는 이들이 있다. 어떻게 피도 안 섞인 많은 사람들과는 잘 지내면서 피가 섞인 몇 안 되는 형제들과는 그러지 못하는가!

사람들 중에는 간혹 수만의 군사들을 거느리며 그들의 죽을힘까지 끌어내면서도 동생에 대해서는 자애하지 않는 이들이 있다. 어떻게 관계가 먼 군사들과는 잘 지내면서 가까운 동생과는 그러지 못하는가!

4. 형제의 아내들이여, 화목하여라

여자 동서 관계는 다툼의 소지가 많다. 그러므로 형제들이 여자 동서들의 다툼에 휘말려들면 우애가 상하기 쉽다. 차라리 각자가 천지사방을 돌아다니면서 서리와 이슬이 내리면 감회를 느껴 형제를 그리워하며, 해와 달이 서로 바라볼 날을 기다리는 것이 더 나을 것이다.

여자 동서들은 본디 남남이다. 그런데 다툼의 소지가 많은 관계가 되었으니 틈이 없는 경우가 드물다. 여자들은 공정하게 처리해야 할 집안일을 하면서도 사사로운 정에 매달리기 쉽다. 또 여자들은 며느리라는 중책을 맡았음에도 경박한 생각을 품는 경우가 많다.

며느리되는 여자들은 큰마음으로 집안을 생각해야 한다. 자신을 용서하는 마음으로 동서들을 용서하라. 그리고 다른 형제의 자식도 내 자식처럼 돌봐주기 바란다. 그렇게 한다면 가정 분란은 생기지 않을 것이다.

5. 형님을 아버지 대하듯 모셔라

사람들은 형님을 아버지 섬기듯이 할 수 없다고 말한다. 그러면서 왜 형님이 아우를 사랑하는 것이 자식을 사랑하는 것만 못한다고 원망할까? 이는 아무리 뒤집어 살펴봐도 모를 일이다.

패국沛國의 유진劉璡은 일찍이 그의 형 환瓛과 벽을 사이에 두고 한 집에 살았다. 한번은 환이 몇 차례 불렀으나 아우 진이 응하지 않다가 한참만에야 비로소 대답을 했다. 환이 이상히 여겨 물어보자 “좀 전에 의관을 미처 갖추지 못했기 때문입니다.”라고 대답했다. 이런 자세로 형을 섬기면 형제간에 불화를 면할 수 있을 것이다.

6. 왕현소 형제는 죽음도 함께했다

양나라 강릉 땅에 사는 왕현소王玄紹와 아우 호영孝英, 자민子敏 형제 셋은 남달리 서로 우애가 깊었다. 맛있고 별난 새로운 음식이 생길 경우 함께 모여서 먹지 않으면 결코 먼저 맛보지 않았다. 부지런하고 간절한 태도로 대하면서도 서로 만나면 마치 충분히 잘해주지 못했다는 마음이 들었다.

서위西魏가 군대를 보내어 양나라를 침범해왔다. 반역자들이 서위 군사를 받아들여 강릉이 함락되고 양나라 세조世祖가 사로잡혔다. 그때 왕현소가 몸집이 장대해서 적병들에게 포위되자, 두 동생이 앞다퉈 함께 형을 끌어안고 각기 대신 죽고자 했다. 그러나 끝내 포위를 벗어나지 못하고 결국 함께 죽었다.

제4편 새 부인은 신중하게 맞아라

1. 재혼은 신중하게 하라

윤길보尹吉甫는 어진 아버지였고, 백기伯奇는 효자였다. 윤길보가 어진 아버지로서 효자를 두었으니 타고난 대로 평생 함께 살 수 있었을 것이다. 그러나 후처가 아버지와 아들 사이를 이간질하여 끝내 백기는 쫓겨나고 말았다.

증삼曾參은 아내가 죽자, 그의 아들에게 "나는 윤길보만 못하고, 너도 백기만 못하다."고 말했다. 왕준王駿도 아내를 잃고 나서 남들에게 "나는 증삼만 못하고, 내 아들도 증삼의 아들인 증화曾華나 증원曾元만 못하지요."라고 말했다.

그리하여 두 사람 모두 평생 재혼하지 않았다. 이러한 사례들은 우리가 교훈으로 삼을 만하다.

계모가 전처소생을 학대하고 혈육을 이간질시켜 집안에 풍파를 일으킨 사례들을 어찌 이루 다 헤아릴 수 있을까? 재혼은 신중히 하라! 제발 신중히 하라!

2. 재혼하면 가정불화가 일어나기 쉽다

강남에서는 첩의 아들인 서자를 그냥 보통 아들로 생각한다. 그래서 본부인이 죽은 후에는 굳이 새로 부인을 맞아들이지 않는 경우가 많다. 부인이 시집오면서 데려온 잉첩媵妾에게 집안일을 맡겨 끝까지 돌보게 한다.

그 잉첩으로 인해 생기는 사소한 문제들까지 다 면할 수는 없다. 하지만 본부인과 잉첩은 신분상 크게 차이가 나므로, 잉첩과 자식들 사이에 싸우는 부끄러운 일은 드물다.

하북河北에서는 부인이 죽으면 반드시 재혼을 해야 한다. 첩의 소생인 서자는 사람 취급을 하지 않아서다. 그래서 새 부인을 맞아 아들을 낳아야 한다. 그런데 일이 꼬여서 서너 번씩 재혼하다 보면, 후처의 나이가 자식보다 더 어린 경우도 있다.

후처소생의 동생과 전처소생의 형은, 의복과 음식에서 혼인과 벼슬, 사인士人과 서인 같은 귀천의 격차가 있었다. 이를 세간에서는 당연한 것으로 여겼다. 그러니 아버지가 죽고 나면, 진정과 고소가 관청문에 가득 넘쳐나고 비방과 욕설이 길거리에 난무하는 경우가 많다.

본부인이 낳은 자식이 후모를 첩이라고 모함하고, 후모가 낳은 동생이 본부인이 낳은 형을 머슴으로 내몬다. 돌아간 아버지의 말씀과 행실에 대해 여기저기서 떠들어대고, 할아버지의 잘잘못까지 까발리면서 자신의 정당함을 구하는 자들도 가끔씩 있다.

슬프다! 예로부터 간사한 신하와 못된 첩실이 말 한마디로 사람들을 궁지에 빠뜨린 일이 많았다! 하물며 부부간의 사랑과 정은 아침저녁으로 바뀐다. 게다가 하인들이 잘 보이려고 주인들의 다툼에 거들고 부추기면서 이런 일이 오랜 세월 지속되면 어떻게 효자가 남아나겠는가? 그러므로 재혼으로 말미암은 후유증은 두려워하지 않을 수 없다.

3. 낳은 자식과 데려온 자식을 공평하게 대하라

보통 새 남편은 새로 맞은 부인의 전 남편 자식을 아껴주는 경우가 많다. 하지만 후처는 반드시 전처의 자식을 학대하게 되어 있다. 이는 단지 여자들이 질투심이 세고 남편들은 무엇에 잘 빠져 혹하는 성향이 있어서가 아니다. 일의 상황이 그렇게 만든다.

새 남편의 처지에서 보면, 새 아내가 데리고 온 전 남편의 자식은 내 자식과 감히 집안의 주도권을 다투지 못하므로 불쌍히 여긴다. 그래서 이끌고 키우며 오랜 세월 가까워지다 보면 정이 들어서 그를 사랑하게 된다. 반면에 후처의 처지에서 보면, 전처의 자식은 늘 자기가 낳은 자식 위에 있으면서 벼슬이나 학업, 혼사 등 방해되는 일이 많으므로, 그를 학대하게 된다.

배다른 형제가 부모에게 사랑을 받으면, 부모는 친자식에게서 원망을 당하게 된다. 또한 계모가 전처의 자식을 학대하면 배다른 형제간은 원수가 된다. 집안에 이런 일이 생기면 모두 가정의 불행이 된다.

4. 재혼하면 새 부인과 자식이 갈등한다

수나라와 당나라에 걸친 학자였던 은사노殷思魯의 외종숙인 은외신殷外臣은 박식하고 사리에 밝은 선비였다. 그는 부인이 죽자 아들 기基와 심諶이 장성한 다음 왕王씨를 새 부인으로 맞이했다.

기가 새엄마를 뵙고 절을 올리는데, 매번 친어머니가 그리워서 흐느껴 울며 자제하지 못했다. 집안사람들은 애처로워 차마 쳐다볼 수가 없었다. 왕씨 역시 마음이 아파서 몸 둘 바를 몰라 했다. 끝내 견디지 못하고, 달포쯤 지나 남편에게 스스로 물러나겠다고 했다. 은외신은 예를 갖추어 내보내었지만, 이 역시 유감스러운 일이다.

5. 지극한 효자는 나라도 인정한다

《후한서》에 나오는 이야기이다.

안제安帝 때 여남汝南 사람 설포薛包는 배우기를 좋아하고 행실이 독실했다. 돌아가신 모친을 지극한 효성으로 추모했다. 아버지가 후처를 얻더니 설포를 미워하여 분가시켜 내보냈다. 그러나 설포는 밤낮으로 소리쳐 울며 집을 떠나지 않았다.

아버지가 몽둥이로 때리기까지 하자 하는 수 없이 집 밖에다 움막을 지었다. 그러고서 아침이면 집 안으로 들어와 물을 뿌리고 집안을 쓸었다. 아버지가 노하여 그를 다시 쫓아냈다.

그러자 설포는 동네 어귀 밖에다 움막을 지었다. 그러고서 아침저녁 문안드리는 일을 끝내 그만두지 않았다. 그러기를 1년이 넘어가자, 아버지가 부끄러워하여 그를 다시 집 안으로 돌아오게 했다.

뒤에 아버지가 돌아가자, 설포는 6년간 상복을 입었다. 이처럼 상례의 규정 이상으로 아버지를 추모했다.

그러고 나자 아우의 아들이 따로 살겠다고 재산을 나누어주기를 요구했다. 설포가 재산을 반으로 나누어주었다. 그때 설포는 노비 중에서 노인들만 자신이 데려가면서, "나와 함께 일한 지가 오래되어 조카 너는 부릴 수 없다."고 했다. 또 설포는 밭과 집은 거칠고 낡은 것만 가지면서, "내가 젊을 적에 개간하고 수리한 것이라 내 마음에 사랑하는 것이다."고 했다. 또 기물은 썩고 망가진 것만 가지면서, "내가 평소에 사용하고 밥해 먹던 것이라 몸과 입에 편하다."고 했다.

그 이후 아우의 아들은 여러 차례 파산했다. 그때마다 설포는 다시 조카에게 재산을 베풀어주곤 했다.

한나라 안제安帝의 건광建光 연간에 황제가 관용 수레로 설포를 특별히 불렀다. 설포가 도성에 갔더니, 황제가 좌우에서 보좌하는 고문에 해당하는 시중侍中의 벼슬을 설포에게 내렸다.

설포는 성격이 조용하고 벼슬에 욕심이 없었다. 그래서 병을 핑계로 벼슬에 나가지 않고 고향에서 죽을 수 있게 해달라고 황제에게 간청했다. 황제는 벼슬을 거두지 않고 특별 장기휴가를 하사하는 조서를 내렸다.

제5편 집안을 잘 다스려라

1. 윗물이 맑아야 아랫물이 맑다

집안을 다스리는 일은 위에서 아래로 행하여진다. 먼저 난 사람으로부터 뒤에 난 사람에게 베풀어진다.

그런 까닭에 아버지가 자애롭지 못하면 자식이 불효한다. 형이 우애롭지 못하면 아우가 공손하지 않는다. 남편이 의롭지 못하면 아내가 순종하지 않는다.

아버지가 자애로운데 자식이 거스르고, 형이 우애로운데 아우가 거만하며, 지아비가 의로운데 아내가 업신여기고 깔보는 이상한 현상도 물론 어쩌다 있다. 이런 자들은 타고난 악인으로서 형벌로 다스려 두려워하게 해야 할 대상이지, 집안 교육으로 변화시킬 대상은 아니다.

2. 관대함과 엄격함을 조화롭게

집안 다스리는 일은 윗사람이 몸소 언행으로 아랫사람에게 모범을 보여 가르쳐야 한다. 그러나 그렇게 해도 어긋나는 자들도 있다. 그럴 경우에는 마땅히 엄격하게 처벌해야 한다.

집안에 매와 꾸지람이 없어지면 아이들의 잘못이 금방 나타난다. 나라에 형벌이 적절하게 시행되지 않으면 백성들이 손발을 둘 데가 없어진다. 집안 다스리는 일에서 관대하고 엄격함도 나라 다스리는 일에서와 이치가 똑같다.

3. 검소하되 인색하지 않게

공자가 말씀하셨다.

"사치하면 겸손하지 못하고, 검소하면 트이지 못하다. 겸손하지 못한 것보다는 차라리 트이지 못한 편이 낫다.", "주나라를 튼튼하게 만든 주공의 훌륭한 재주를 가졌다 하더라도 만약 교만하고 인색하다면, 그 나머지는 볼 것도 없다."

공자 말씀은 검소한 것은 좋지만 인색해선 안 된다는 것이다. 검소하다는 것은 아끼고 줄여서 예를 행한다는 말이고, 인색하다는 것은 남이 몹시 곤궁한데도 구제해주지 않는다는 말이다.

오늘날 베풀면 사치스럽고 검소하면 인색한 경우들이 있다. 만약에 베풀면서도 사치스럽지 않고 검소하면서도 인색하지 않을 수 있다면 훌륭한 것이다.

4. 검소한 북방, 사치스런 강남

사람이 살아가는 근본은 농사를 지어서 양식을 대어 먹고, 뽕나무와 삼을 길러서 옷을 해 입는 것이다. 채소와 과일은 농장에서 나온 것이고, 닭고기와 돼지고기 반찬은 닭장과 외양간에서 생산된 것이다.

집과 기구, 땔감과 등불의 기름에 이르기까지 농사지어 얻지 않은 산물이 없다. 이런 일들을 잘 해나가는 사람은 대문을 닫아걸고 외부와 거래를 하지 않아도 생필품이 충분하다. 다만 집에는 소금물이 솟는 우물이 없을 뿐이다.

오늘날 북방의 풍속은 다들 몸소 근검절약을 잘하여 의식이 넉넉하다. 하지만 강남의 풍속은 사치스러워 북방에 못 미치는 점이 많다.

5. 지나치게 엄격하게 하지 말라

양나라 효문제孝元帝 때에 왕의 명령을 출납하고 기밀을 담당하는 어떤 중서사인中書舍人이 있었다. 그는 집안 다스리는 일에 도가 지나치게 엄격하고 각박했다.

마침내 처와 첩이 공모하여 자객을 사서 술 취한 남편을 죽여버렸다.

6. 지나치게 너그럽게 하지 말라

세간의 이름난 선비들은 처자식과 하인들을 오직 너그럽고 어질게 대하려고만 애를 쓴다. 그것을 오히려 악용하여, 하인들은 손님에게 대접할 음식을 덜어낸다. 또 처자식은 이웃에 베풀기로 약속한 물건의 양을 줄인다.

이리하여 선비는 자기도 모르게 손님들을 업신여기고 마을 사람들을 푸대접하는 잘못을 저지른다. 그러므로 지나치게 너그러운 것도 또한 집안의 큰 좀벌레가 된다.

7. 화낼 줄도 알아야 한다

북제北齊의 이부시랑吏部侍郎 방문렬房文烈은 일찍이 화를 내본 적이 없었다. 한번은 장마를 거치며 양식이 다 떨어져 계집종을 시켜 쌀을 사오게 했다. 계집종이 그 틈을 타서 달아났다가 사나흘이 지나서야 다시 잡혔다.

방문렬은 점잖게 말했다. "온 집안에 먹을 것이 없는데 너는 어딜 갔다 오느냐?" 그러고는 끝내 매질을 하지 않았다.

일찍이 남에게 집을 맡긴 적이 있었다. 노비들이 지붕을 뜯어 땔감으로 거의 그가 다 써버렸다. 하지만 방문렬은 그 얘기를 듣고서 얼굴만 찌푸렸을 뿐 끝내 한마디도 하지 않았다.

8. 욕심 많고 인색하면 뒤끝이 안 좋다

남조의 양나라 사람 배자야裴子野는 먼 친척이나 옛 동료들 중에 생계를 스스로 해결할 수 없는 이가 있으면, 모두 거두어서 먹여 살렸다. 그의 집도 본래 청빈하여 때때로 홍수나 가뭄을 만나면, 쌀 두 섬으로 묽은 죽을 쑤어야 근근이 다 돌아갈 수 있을 정도였다. 하지만 자신도 똑같이 먹으면서 내내 싫어하는 기색이 없었다.

북제의 수도인 업鄴 땅에 황제를 호위하는 금위군의 책임자인 영군領軍 한 사람이 살았다. 그는 재물 욕심이 너무 많아서 하인이 800명이나 되는데도 1,000명을 채우리라 마음먹었다. 그래서 아침저녁 끼니에 식구 한 사람당 식비를 15전으로 제한해놓았다. 그러니 어쩌다 손님이 와도 더 이상은 대접할 수가 없었다.

뒤에 어떤 사건에 연루되어 그는 사형을 당했다. 그의 가산을 몰수하기 위해 장부에 올리게 되었다. 미투리가 집 한 채에 가득했고, 낡은 옷가지가 몇 창고나 되었으며, 나머지 재산과 보물은 이루 다 말할 수가 없었다.

남양南陽에 어떤 사람은 생업을 꾸리면서 많은 재산을 모았다. 하지만 성격이 유별나게 아끼고 인색했다.

동지가 지난 후 딸과 사위가 인사를 왔는데, 구리 그릇에 술 한 사발과 저민 노루고기 몇 점을 내놓았다. 사위는 차린 음식이 단출하고 대접이 소홀한 것이 섭섭하여 한꺼번에 먹어버렸다. 주인은 깜짝 놀라 우물쭈물하다가 더 가져오게 했는데, 이러기를 두어 차례나 했다. 이후 자리를 물리고서, 주인이 자신의 딸을 꾸짖었다. "아무개 서방이 술을 좋아하니, 네가 늘 가난한 게로구나."

그가 죽자, 자식들이 그 많은 재산을 서로 더 가지려고 다투었다. 마침내 형이 동생을 죽이고 말았다.

9. 암탉이 울면 집안이 망한다

아낙은 규중에서 음식 장만하는 일을 주관하여 오직 술과 음식, 의복의 예절에 관한 일만 해야 할 것이다. 나라에서 정치에 간여하게 해서는 안 되고, 집안에서 가업을 주관하게 해서는 안 된다.

만약에 여자가 총명하여 재주와 지혜가 있고 고금의 일을 잘 안다면, 군자를 보좌하여 그 부족함을 거드는 것이 마땅하다. 그러나 결코 암탉이 새벽에 울어 화를 부르는 일이 있어서는 안 된다.

10. 북방은 여성이 주도하고, 남방은 남성이 주도한다

강남의 부녀자들은 외부 사람과 교유가 거의 없다. 사돈 집안끼리도 때로는 십수 년 간 서로 얼굴을 보지 못한다. 다만 사람을 보내 안부를 묻거나 선물을 보내어 정중한 마음을 표시할 뿐이다.

북제의 수도인 업 지역의 풍속은 전적으로 여자가 집안을 맡는다. 여자가 소송을 벌여 옳고 그름을 다툰다. 또 사람을 찾아가 뵙고 맞이해 접대하느라 수레가 거리를 메운다. 그리하여 비단 치마저고리를 입은 부녀자가 관아에 가득하다. 모친이 자식 대신 벼슬을 구하기도 한다. 부인이 남편을 위해 억울함을 호소하기도 한다. 이것은 바로 항주恒州와 대군代郡 일대에 전해오는 풍속일 것이다.

남쪽에서는 가난하여 가진 것이 없어도 남자들이 다들 겉모습을 꾸미는 데 치중한다. 그래서 수레와 의복은 반드시 말쑥하게 갖춘다. 하지만 집에 있는 처자식들은 춥고 배고픔을 면치 못한다.

하북에서 남들과 교유는 안주인이 주관하는 경우가 많아서, 부인은 비단옷과 금, 비취 등의 패물을 빠뜨려서는 안 된다. 하지만 남자가 사용하는 비쩍 마른 말과 초췌한 노비는 겨우 명색이나 갖출 뿐이다. 부부간의 호칭 예절에서도 때로는 상대를 '너', '자네'라고 얕잡아 부르기도 한다.

11. 북방 여성은 솜씨가 좋다

하북의 아낙들은 손재주가 좋다. 길쌈하고 끈을 꼬는 일이나 화려한 무늬를 얇은 비단에 수놓는 솜씨가 강동보다 훨씬 뛰어나다.

12. 딸을 기피하는 세태가 심하다

딸은 집안 살림에 큰 부담이 된다. 주나라 무왕을 도와 나라를 세운 강태공은 "딸을 너무 많이 낳아 기르는 것은 살림 비용이 부담되는 한 가지 일이다."고 했다. 또 진번陳蕃도 "도둑도 딸 다섯인 집 문 앞은 지나가지도 않는다."고 했다.

그렇지만 여자도 하늘이 낳은 백성이요 부모가 전해준 몸인데, 어찌하겠는가? 세상 사람들 중에는 딸을 낳으면 키우지 않고 혈육을 해코지하는 경우가 많다. 어찌 이런 짓을 하고서 하늘에 복을 바라는가?

나에게 먼 친척되는 사람이 있다. 그는 집안에 두는 기생과 부인이 시집올 때 따라온 잉첩媵妾들이 많다. 그는 아이를 낳아 키울 때가 되면 문지기를 보내어 지키게 한다. 해산할 때가 되면 창으로 엿보며 문에 기대어 있다가, 만약에 딸을 낳으면 곧바로 데리고 가버린다. 어미가 따라가며 울부짖지만 감히 구하지 못하니, 사람들이 그 애처로운 소리를 차마 들을 수 없다.

13. 시어머니가 며느리 구박이 심하다

여자들의 본성이 대개 사위는 사랑하지만 며느리는 구박한다. 사위를 사랑하면 아들 형제들의 원망이 생겨난다. 며느리를 구박하면 딸 자매들이 근거 없는 말로 며느리를 헐뜯는 일이 일어난다.

그렇다면 딸의 출가와 무관하게 그 집안에 누가 되는 것은 모두 그 어미가 그렇게 만든 것이다. "썰렁한 시어머니 밥상"이라는 속담이 왜 나오게 되었겠는가? 이는 시어머니가 며느리를 구박하는 데 대한 응보이다. 집집마다 늘 있는 문제이니 조심하지 않을 수 없다.

14. 혼인으로 이득 보려 하지 마라

"혼인 상대는 평범한 집안으로 하라." 이것은 시중侍中을 지낸 우리 집안 9세 할아버지인 정후靖侯 공께서 정해놓은 원칙이다.

요사이 세상에는 시집·장가를 보내면서, 딸을 팔려고 재물을 쓰기도 한다. 또 비단을 보내 며느리를 사는 풍조도 있다. 또 두 집안의 아버지와 할아버지를 비교하고, 조그만 것까지 따지고 견주기도 한다. 그러면서 많이 가지고 적게 주려는 행태가 마치 장사치들과 다를 바 없게 되었다.

그 결과 때로는 비천한 사위가 가문에 들어오기도 한다. 또는 거만한 며느리가 들어와 집안을 좌지우지하기도 한다. 허영을 탐하고 이익을 구하려다 도리어 집안에 치욕을 불러오게 되니, 조심하지 않을 수 있겠는가!

15. 책은 아끼고 잘 다뤄야 한다

남에게 책을 빌리면 늘 아끼고 잘 다루어야 한다. 본래 찢어지고 훼손된 데가 있으면 바로 보수해야 한다. 이는 사대부로서 지켜야 할 모든 행실 중의 한 가지이다.

제양濟陽 사람 강록江祿은 책을 다 읽기 전에는 아무리 급한 일이 생겨도 반드시 말아서 정리한 다음에야 일어났다. 그러므로 그가 읽은 책은 헐거나 파손되는 법이 없었다. 그래서 사람들은 그가 책을 빌려달라고 해도 아무도 꺼리지 않았다.

어떤 사람은 책을 책상 위에 어지럽게 늘어놓고 분류된 전집도 마구 흩어놓는다. 그러면 아이들이나 하녀들에 의해 책이 더럽혀지는 일이 있다. 또 비바람이나 벌레, 쥐 따위에 의해 책이 훼손되는 경우도 많다. 실로 선비의 인격에 누가 되는 일이다.

나는 늘 성인의 책을 읽을 때마다 엄숙하고 공경하는 마음으로 대하지 않은 적이 없었다. 그 오래된 종이에 오경五經의 의미와 훌륭한 인물들의 성명이 실려 있으면 감히 지저분한 데 쓰지 못했다.

16. 미신에 대한 태도

우리 집안에서 무당의 푸닥거리에 관한 일은 거론된 적이 없고, 부적을 쓴 일도 없다. 또한 도사가 음식을 갖춰 제단을 설치하고 엎드려서 글을 올려 기도하며 소원을 빌어본 적도 없다.

이것은 모두 너희들도 아는 바 그대로이다. 그러니 너희들은 요망한 일에 비용을 들이지 않도록 하라.

제6편 예의범절을 잘 지켜라

1. 사대부는 예의범절을 알아야 한다

내가 《예기》를 보았더니 성인의 가르침 중에 청소하는 법, 음식 드는 법, 기침하고 침 뱉는 법, 대답하는 법, 촛불 드는 법, 세숫물 따르는 법 등이 모두 규정이 있고 또 상세했다.

다만 빠지고 손상된 부분이 있어 온전하지 않았다. 거기에 기재되지 않은 것과 시대 흐름에 따라 세상일이 바뀐 것은 박식한 군자가 직접 규범을 만든다. 그리고 집안에서 이를 계승하여 행한다. 이것을 세상에서 사대부의 예의범절이라고 부른다.

예의범절은 집안에 따라 상당한 차이를 보이기도 한다. 보기에 따라 서로 좋다 나쁘다 하기도 한다. 그래도 그 개략적인 예의범절은 저절로 알 수가 있다.

예전 강남에 있을 때는 직접 보고 들어 알게 되었다. 그래서 쑥이 삼 사이에 자라면 절로 곧아지듯이 자연스럽게 예의범절을 익히게 되었다. 굳이 글로 써서 남겨둘 필요가 없었다.

하지만 너희들은 전쟁 중에 태어나 좋은 예의범절을 직접 보고 들어서 알 수가 없게 되어버렸다. 그러니 내가 글로 기록하여 자손들에게 전하여 보여주려고 한다.

2. 피휘避諱를 지나치게 하지 말라

'피휘'란 국왕, 조상, 성인이 쓰는 이름, 국호, 연호와 같은 글자를 아랫사람이 사용하지 않는 관습이다. 존중받아야 할 대상의 이름을 아랫사람이 범하는 것을 '피하고 꺼린다'는 것이 '피휘'이다. 부모의 성함을 자식이 입에 담지 않는 것도 피휘의 하나이다.

《예기》에 말했다. "3년상을 마치고 길을 가다가, 부모와 닮은 사람을 보면 눈이 휘둥그레지고, 부모의 이름을 들으면 마음이 놀란다."

돌아가신 부모님의 생각이 떠오르면, 마음 속에 느끼고 닿는 바가 있어 눈시울이 뜨거워지고 마음이 뭉클해지는 것이다. 만약 상대방이 내 태도를 의아하게 여긴다면 조용한 평상시라면 되도록 내 사정을 밝혀 이해를 구해야 할 것이다.

하지만 절대로 피휘를 할 수 없는 경우에는 참아야 할 것이다. 예를 들어 큰아버지나 작은아버지 같은 선친의 형제분이 선친을 빼닮았다고 해서 평생 그 앞에서 애간장을 태워서야 되겠는가. 그렇다고 그 분들과 만나지 않을 수가 있겠는가?

또 《예기》에 말했다. "글 쓸 때는 피휘하지 아니하고, 사당에서도 피휘하지 않으며, 임금이 계신 곳에서도 사적인 피휘는 안 한다."

글을 쓰면서 피휘하지 않음은 피휘를 하게 되면 글을 정확히 적을 수 없기 때문이다. 사당에서 피휘하지 않음은 고조부에게 제사 지낼 때 증조부 이하에 대해 피휘하지 않는다는 뜻이다. 존귀한 분은 둘이 없으므로 가장 윗사람을 피휘하면 아랫사람들은 무시해야 하기 때문이다. 또 임금이 계신 곳에서 사적인 피휘를 하지 않음은 신하가 임금 앞에서는 집안의 피휘를 할 수 없다는 뜻이다. 임금보다 더 존귀한 분은 없기 때문이다.

그러니 자식으로 어디에서 선친의 성함을 들었을 경우에는 반드시 상황을 고려하여 행동해야 한다. 무조건 허둥지둥 당황하면서 그 자리를 벗어나야 하는 것이 아님을 잘 알 수 있다.

양나라의 사거謝擧는 명성이 아주 높은 선비였다. 하지만 선친의 성함만 들으면 반드시 통곡을 하곤 하여 세인들의 비난을 받았다.

또한 장봉세臧逢世는 장엄臧嚴의 아들로서 학문에 열심이고 행실을 바르게 닦아 집안의 명망을 떨어뜨리지 않았다. 양나라 원제가 제위에 오르기 전 강주자사江州刺史로 있을 때, 장봉세를 건창建昌으로 파견하여 업무를 살피게 했다.

건창 지역의 백성들이 앞다투어 문건을 만들어 아침저녁으로 몰려드니 책상에 가득 쌓였다. 이 글들 중에 '엄한嚴寒'이라는 단어만 나오면, 장봉세는 그때마다 눈물을 흘렸다.

'엄한嚴寒'은 '한창 심한 추위'라는 뜻의 단어이다. 그런데 장봉세는 '엄嚴이 춥다'는 뜻으로 읽고 울었다. '엄嚴'은 선친의 성함이었으므로 '아버지가 춥다'로 느꼈기 때문이다.

장봉세는 그러느라 문건을 제대로 살펴 기록하지도 못하고 공무를 중단하는 일이 많았다. 그래서 사람들 사이에 원망이 생기고 물의가 일어, 결국엔 일처리를 제대로 못하여 물러났다.

이런 일들은 모두 피휘를 지나치게 해서 일어난 폐단이다.

3. 피휘가 심하면 아첨이다

근래 양도揚都에 '심審'자를 이름으로 가진 선비가 있었다. 그는 심씨沈氏와 교유가 깊었다.

심씨는 그에게 편지를 보낼 때 자신의 이름만 쓰고 성은 쓰지 않았다. 상대방 이름인 '심審'과 발음이 같다고 하여 피휘한 것이다. 그러나 이는 너무 지나친 피휘로서 아첨에 가까운 것이었다.

4. 피휘가 지나치면 웃음거리가 된다

피휘는 언제나 같은 뜻을 가진 글자로 대체해야 한다. 그렇지 않으면 의미가 통하지 않게 된다.

제나라 환공桓公은 이름이 '백白'이었다. 그래서 윷놀이와 비슷한 놀이인 박博에 '오백五白'을 쓰지 못하게 하고, 대신 '오호五皓'로 쓰게 했다. 또 회남淮南 여왕厲王은 이름이 '장長'이었다. 그래서 거문고에서 '장단長短' 대신에 '수단修短'이라는 용어를 쓰게 했다. 그러나 '포백布帛'을 '포호布皓'라고 하거나 '신장腎腸'을 '신수腎修'라고 하지는 않는다.

양나라 무제는 어릴 적 이름이 '아련阿練'이었다. 그래서 자손들이 '련練'자를 모두 '견絹'자로 바꾸었다. 그렇게 되면 쇠붙이를 뜻하는 '쇄련물銷鍊物'을 '쇄견물銷絹物'이라 해야 하는데, 그러면 견직물이라는 뜻으로 바뀌어버리니 난처한 일이다.

간혹 '운雲'자를 휘하는 사람이 이러니저러니 말이 많다는 의미의 '분운紛紜'을 '분연紛煙'이라 하기도 하는데 의미가 통하지 않는다. 또 '동桐'자를 휘하는 사람이 '오동수梧桐樹'를 '백철수白鐵樹'라 하기도 하니 나무 이름이 쇠 이름으로 바뀌어버려 우스갯소리처럼 되어 버린다.

※ 〈편역자 생각〉

우리나라도 피휘의 풍습이 고려 때부터 있었다. 중국에서 들어왔을 것이다. 고려 태조太祖는 이름이 건建이었다. 그래서 고려는 '건建'자를 '입立'자로 바꿔 썼다. 예를 들어, 후한後漢의 연호인 '건안建安을' '입안立安'으로 썼다. 또 혜종惠宗의 이름은 무武였다. 그래서 '무武'자는 '호虎'자로 바꿔 썼다. 예를 들어, '무반武班'을 호반虎班으로 불렀다. 성종의 이름인 치治는 이理로 바꾸어 사용했다. 조선 시대에 왕자의 이름을 잘 사용하지 않는 글자인 벽자僻字로 짓거나 한 글자로만 지은 것도 피휘를 적게 하기 위한 방지책이었다.

피휘는 지금도 조금 남아 있다. 어떤 사람에게 어른이 부모의 함자를 물어보면, 자식은 부모의 이름을 "김, '무슨 자', '무슨 자' 쓰십니다."고 대답하는 것이 대표적인 사례이다. 그런데 현재 북한은 한국보다 피휘가 심하다. 김일성, 김정일, 김정은과 이름이 같은 사람들은 모두 이름을 강제로 다르게 바꾸게 한다. 그러므로 북한 정권은 조선을 그대로 이은 봉건왕조이다. 즉 북한은 '북조선 김씨 왕조'인 것이다. 김씨 일가는 왕족으로서 3대 세습을 하며, 인민은 노예인 것이다.

5. 이런 이름은 피하라

주나라 주공은 아들의 이름을 '금禽', 곧 '날짐승'이라 했다. 공자는 아들의 이름을 '리鯉', 곧 '잉어'라 했다. 이름의 의미가 상식에 어긋난다. 하지만 아주 심하지 않고 남에게 피해를 끼치지 않는 이름은 금하지 않아도 된다.

그렇지만 되도록 이런 이름은 안 짓는 것이 좋다. 위衛나라 제후, 위魏나라 공자, 초楚나라 태자는 모두 이름이 '기슬蟣蝨', 곧 '서캐'였다. 사마상여는 이름이 '견자犬子', 곧 '개자식'이었다. 왕수王修는 이름이 '구자狗子', 곧 '개새끼'였다. 이런 경우 윗대까지 개가 되어버려서 웃음거리가 되니 피해야 한다.

북방에서는 자식의 이름을 '려驢', 곧 '나귀', '구駒', 곧 '망아지', '돈자豚子', 곧 '돼지새끼' 등으로 짓는 이들이 많다. 이런 이름도 피해야 한다.

전한 때 윤옹귀尹翁歸가 있었고, 후한 때 정옹귀鄭翁歸가 있었으며, 양나라에 공옹귀孔翁歸가 있었다. 이들의 이름은 '노인이 돌아간다' 곧 '늙어 죽는다'는 뜻이 된다. 또 고옹총顧翁寵도 있었다. '노인을 돌아보며 사랑한다'는 뜻이 된다. 이런 이름도 곤란하다.

진晉나라에는 허사비許思妣, 맹소호孟少孤 등이 있었다. '허사비許思妣'는 '죽은 어머니를 생각한다'는 뜻이다. '맹소호孟少孤'는 '작은 여우' 또는 '어려서 부모를 잃는다'는 뜻이다. 이러한 이름자는 마땅히 피해야 한다.

6. 자식의 이름은 후손 입장에서 짓자

요즘 사람들의 피휘는 예전보다 더 엄격하다. 자식의 이름을 짓는 경우 마땅히 손자의 입장이 되어보아야 한다.

내 친지들 중에는 양襄, 우友, 동同, 청淸, 화和, 우禹 등의 자주 쓰는 글자를 휘자로 하는 사람이 있다. 그러니 사정을 잘 모르는 사람은 잠깐 사이에 한 자리에서 여러 차례 휘를 범하는 경우가 생긴다. 듣는 사람은 괴롭고 기댈 데가 없다.

7. 옛 어른 이름으로 자식 이름 짓지 말자

옛날 사마장경司馬長卿은 전국시대 때 조나라의 재상이었던 인상여藺相如를 흠모하여 이름을 '상여相如'라 했다. 또 고원탄顧元歎은 후한의 대학자였던 채옹蔡邕을 흠모하여 이름을 '옹雍'이라 했다. 이들은 유명한 분의 이름만 따왔을 뿐 성姓은 가져오지 않았다.

그런데 후한 때 주장朱倀은 자를 '손경孫卿'이라 했다. 허섬許暹은 자를 '안회顔回'라 했다. 양나라에는 '유안영庾晏嬰'과 '조손등祖孫登' 등이 있었다. 손경孫卿은 성악설性惡說로 유명한 전국시대의 사상가 순경荀卿을 가리킨다. 또 안회顔回는 공자의 유명한 제자이다. 또 안영晏嬰은 춘추시대 제나라의 명재상이다. 또 손등孫登은 삼국시대 위나라의 숨은 선비로서 유명하다. 이처럼 후대 사람들이 옛사람의 성까지 붙여 이름과 자로 삼는 것은 예의에 어긋나는 짓이다.

8. 상스러운 이름으로 부르지 말라

옛날 유문요劉文饒는 하인에게도 차마 '개'니 '돼지'니 하는 짐승들의 이름으로 꾸짖지 않았다. 그런데 오늘날 어리석은 이들은 서로 짐승이라고 희롱하고, 때로는 어느 사람을 가리켜 '돼지'니 '소'니 하고 부르기도 한다.

생각이 있는 사람이라면 옆에서 보다가도 귀를 막고 싶을 지경이다. 하물며 그렇게 불리는 당사자야 오죽하겠는가?

9. 어려운 말은 재치 있는 비유로 하라

근래 수나라 의조議曹에서 함께 관리들의 녹봉을 논의했다. 그 자리에 당대의 높은 귀족으로 명망 있던 신하가 참여했다. 그는 의조에서 관리들의 녹봉을 지나치게 후하게 주어야 한다고 말하는 것을 보고 잘못이라고 비판했다.

그 자리에 있던 북제 출신의 문인 몇 사람은 그게 못마땅했다. 그래서 그분에게 말했다. "이제 천하가 통일되었으니 영원히 남을 만한 규범을 만들어야 합니다. 어찌 아직도 옛날 혼란기 관중關中 시절만 생각하십니까? 그대는 정녕 갑부 도주공陶朱公의 맏아들인가 봅니다!" 그 말로 모두가 즐겁게 웃고 더 이상 다투지 않았다.

관중 시절의 옛날 생각이란 수나라에 의해 통일되기 이전인 남북조 시대의 낡은 사고방식이란 뜻이다. 그때는 어려운 시기였으므로 관리들의 녹봉이 적었다. 그러나 이제는 수나라가 천하를 통일한 좋은 시대이므로 관리들의 녹봉을 올려주어야 한다는 뜻이다.

도주공은 월나라 구천句踐의 재상이었던 범려范蠡를 말한다. 범려는 구천을 도와 오나라를 멸망시킨 후 월나라를 떠나 다른 곳으로 가서 장사를 하여 거부가 되었다. 그런데 그의 둘째아들이 죄를 지어 초나라의 옥에 갇혔다. 범려는 자식을 살리려고 씀씀이가 큰 막내아들을 보내 뇌물을 주고 둘째아들을 빼내려 했다. 하지만 맏아들이 장남으로서 체면을 내세우며 자신이 가야한다고 고집을 부려, 하는 수 없이 맏아들을 보냈다. 하지만 범려가 우려한 대로 큰아들은 재물을 아끼려다가 끝내 둘째아들을 잃고 말았다. 여기서 도주공의 맏아들이란 재물을 아끼려다 낭패하게 된 사람을 비유한 것이다.

10. 자기 친족의 호칭 붙이기

옛날 후패侯霸라는 선비의 자손들은 조부를 '가공家公'이라고 불렀다. 또 진사왕陳思王 조식曹植은 그의 부친인 조조曹操를 '가부家父', 그의 모친을 '가모家母'라 불렀다. 또 반니潘尼는 그의 조부를 '가조家祖'라고 불렀다. 하지만 이러한 호칭은 옛날 사람들이 쓰던 것으로 요즘 사람들에게는 웃음거리가 된다.

지금 남북의 풍속에 조부와 양친을 말할 때 '가家'자를 붙이는 일은 없고, 시골 촌놈들이나 그렇게 말할 뿐이다. 남들과 이야기하며 자기 큰아버지를 언급할 때 순서를 붙여서 '첫째 큰아버지'라는 식으로 호칭하고 '가家'자를 붙이지 않는 건, 아버지보다 어른이라 감히 '가家'라고 부르지 못하기 때문이다.

호칭하는 법에, 여자가 혼인하여 남의 식구가 되면 '가家'자를 붙일 수 없다고 한다. 그래서 고모, 누이, 딸이 출가한 후에는 '이씨 댁', '왕씨 댁' 등으로 남편의 성을 따라 부른다. 하지만 출가하기 전이면 '첫째 고모', '둘째 누이', '맏딸', '막내딸' 하는 식으로 순서를 붙여 부른다.

채옹蔡邕은 서간집書簡集에서 그의 고모와 누이를 '가고家姑', '가제家姊'라 불렀다. 반고班固는 서간집에서 그의 자손들을 '가손家孫'이라고 불렀다. 하지만 오늘날에는 그렇게 하지 않는다. 자손들에게 '가家'자를 붙이지 않는 것은 서열이 낮아 생략하기 때문이다.

11. 상대 친족의 호칭 붙이기

남들과 이야기하면서 상대의 조부모, 백부모, 부모, 큰고모를 칭할 때는 모두 '존尊'자를 붙이고, 숙부와 숙모 이하로는 '현賢'자를 붙인다. 이는 집안 서열의 높고 낮음에 따라 다르게 대접하기 때문이다.

서성書聖 왕희지王羲之는 편지에서 남의 어머니를 일컬을 때 자기 어머니를 일컫는 것과 똑같이 하여 '존'자를 붙이지 않았다. 그러나 이는 오늘날의 기준으로 보면 잘못한 일이다. 상대방은 우리 집안보다 높이는 것이 예절이다.

12. 남방과 북방의 조문과 인사 예절

만약 동지나 설에 아는 분의 초상이 났다면, 남방 사람들은 상가에 가지 않는다. 대신에 조문 편지를 보낸다. 만약 조문 편지를 써 보내지 않았다면, 명절을 지낸 뒤에 예복을 갖추어 입고 가서 조의를 표한다.

그러나 북방 사람들은 동지나 설 어느 때건, 아는 분의 초상이 났다면 모두 조문의 예를 행한다. 예법에 정해진 규정이 없다면, 나는 이 북방의 방식을 취하지 않겠다.

남방 사람들은 손님이 와도 마중을 나가지 않는다. 또 서로 만나면 손을 마주 잡고 가슴까지 들어올리기만 할 뿐 허리를 굽히지 않는다. 손님을 배웅할 때도 자리에서 내려오면 그만이다.

북방 사람들은 마중할 때나 배웅할 때 모두 문까지 나간다. 또 만나면 허리를 굽히는데, 이는 모두 옛날 방식이다. 나는 마중하고 허리까지 굽히는 이 북방 방식이 좋다.

13. 자신에 대한 호칭 붙이기

옛날 왕과 제후는 자신을 일컬어 '고孤', '과寡', '불곡不穀' 등으로 불렀다. 즉위해서 부모의 3년상을 다 마치지 못하였으면 자신을 고아라는 뜻으로 '고孤'라 칭했다. 그 뒤 3년상을 다 마쳤으면 '과인寡人'이라 칭했다. '덕이 적은 사람' 즉 '과덕지인寡德之人'의 준말로 자신을 낮춘 말이다. 또 '불곡不穀'이란 말은 '곡식을 먹을 수 없다' 즉 '봉록을 받을 수 없다'는 뜻으로서 자신을 겸손하게 일컬은 것이다.

하지만 후대에는 비록 공자 같은 성인이라 할지라도 문하생들과 이야기할 때 늘 자신의 이름인 '구丘'를 넣어서 '구丘가……' 하는 식으로 말했다.

뒤에 자기를 가리키는 말로 '신臣'이니 '복僕'이니 하는 호칭이 생기긴 했지만 쓰는 사람이 많지 않았다.

강남에서는 지위가 높고 낮음에 따라 각각 자신을 부르는 호칭이 있는데, 글 쓰는 법을 서술한《서의書儀》에 잘 나와 있다.

현재 북방 사람들은 다들 자신을 이름으로 일컫는다. 이것은 과거로부터 전해 내려오는 풍속이다. 나는 이렇게 자기 이름을 넣어 말하는 것이 좋다.

14. 돌아간 친족을 언급하는 예절

돌아가신 아버지를 언급할 때 그립고 마음이 뭉클해지는 것은 당연한 이치다. 예전에는 돌아가신 아버지를 쉽게 말했으나, 요즘 사람들은 언급하기를 어렵게 여긴다. 강남 사람들은 부득이 집안에 대해 이야기할 일이 있으면 반드시 글로 하지 얼굴을 맞대고 논하는 경우는 없다.

그러나 북방 사람들은 거리낌 없이 돌아가신 아버지를 함부로 말하며, 남에게 서로 물어보기까지 한다. 이런 일은 남에게 해서는 안 되며, 남이 나에게 이런 일을 해오면 마땅히 피해야 한다.

명성과 지위가 높지 못한 사람이 지체 높은 사람에게 자신의 조부나 부친에 대해 말하도록 강요받게 되면, 꾹 참고 적당히 넘어가고 대충 대답하고 말아야 한다. 번다하게 늘어놓아 조부나 부친을 욕되게 해서는 안 된다.

집안 어른이 돌아가시고 안 계신데 반드시 언급해야 할 경우가 있다. 그럴 경우에는 낯빛을 가다듬고 똑바로 앉아서 말해야 한다. 조부나 부친은 '대문중大門中'이라 부르고, 백부나 숙부는 '종형제문중從兄弟門中'이라 불러야 한다.

형제를 잃은 사람은 그 형제의 이름을 차마 부를 수 없어, 그 형제의 자식 이름을 대신 넣어서 부른다. '죽은 사람의 아들 아무개의 문중〔亡者子某門中〕'이라는 식이다. 죽은 형제의 이름 대신 그의 자식인 조카의 이름을 대신 내세워 에둘러 부르는 방식이다.

죽은 사람을 부를 때는 말하는 상대와 항렬의 높고 낮음과 무겁고 가벼움에 따라 낯빛과 태도를 조절한다. 어느 경우에나 평상시와는 다르게 해야 한다. 임금과 이야기할 경우에는 비록 낯빛은 바꾸더라도 그냥 '망조亡祖', '망백亡伯', '망숙亡叔'이라고 하면 된다. 임금이 가장 높기 때문에 우리 집안 어른을 높일 수 없어 '죽은 할아버지', '죽은 큰아버지', '죽은 작은아버지'라고 말하는 것이다.

남방의 명사들 중에 죽은 형이나 동생을 일컬어 '형자문중兄子門中'이니 '제자문중弟子門中'이니 하고 부르는 이가 있다. 이는 적절치 못하다. 북방의 풍속은 이렇게 하지 않는다. '죽은 사람의 아들 아무개의 문중〔亡者子某門中〕'이라고 한다.

북쪽 태산 사람 양간羊侃은 양나라 초기에 남쪽으로 들어왔다. 내가 근래에 업鄴에 갔는데 그의 조카 양숙羊肅이 숙부 되는 양간에 대해 자세히 물어보았다. 내가 "그대 종문중從門中께서는 양나라에 계실 적에 이러이러하셨다."고 대답했다. 그랬더니 양숙은 "그분은 저의 돌아가신 일곱 번째 친숙부이시지 종형제가 아닙니다."라고 했다.

조효징祖孝徵이 그 자리에 있었는데, 강남의 풍속을 미리 알고 있는지라 그에게 이렇게 말했다. "그대는 현종제문중賢從弟門中이란 말을 어찌 못 알아듣는고?" 내가 한 '종문중從門中'이란 말은 '현종제문중賢從弟門中'이란 의미인데, 양숙이 이해하지 못한 것이다.

15. 죽은 형제 자식들의 호칭 부르기

옛사람들은 다들 큰아버지와 작은아버지를 '백부', '숙부'라 불렀다. 그런데 오늘날에는 간단히 '백伯', '숙叔'이라고 부르는 경우가 많다. 그러나 이렇게 줄여서 부르는 것은 예법에 어긋난 경박한 일이다.

종형제·자매가 부친을 여읜 후, 그들 앞에서 내가 그들의 모친을 '백모(伯母, 큰어머니)', '숙모(叔母, 작은어머니)'라고 부르는 건 불가피한 일이다.

남들과 이야기하면서 죽은 형제의 자식들을 그들 앞에서 '형님 자식〔兄子〕', '동생 자식〔弟子〕'이라고 부르기는 참으로 어렵다. 이러한 경우 북방 지역 사람들은 다들 '조카〔姪〕'라고 부른다.

생각건대 《이아爾雅》, 《의례》〈상복경喪服經〉, 《춘추좌씨전》 등에서 '조카〔姪〕'는 비록 남녀 모두에게 통용되긴 하였지만, 모두 고모와 상대되는 호칭이었다. 진晉나라 이후로 '숙질叔姪'이라고 부르기 시작했다. 오늘날에는 '조카〔姪〕'라 부르는 것이 '형님 자식〔兄子〕', '동생 자식〔弟子〕'이라고 하는 것보다 이치상 더 낫다.

16. 남방에선 이별의 눈물을 흘린다

이별은 쉽지만 만남은 어려워 옛사람들은 만나고 헤어짐을 소중히 여겼다. 강남에서는 전송할 때 눈물을 흘리며 작별을 고한다.

후侯에 봉해진 왕자가 있었는데, 양나라 무제武帝의 동생이었다. 동쪽 군의 태수로 나가게 되어 무제와 헤어지게 되었다. 무제는 "내가 이미 연로하여 너와 헤어지게 되니 몹시 슬프도다."고 하면서 몇 줄기 눈물을 흘렸다.

하지만 그 동생은 눈물이 나올 것 같으면서도 끝내 나오지 않아 얼굴만 붉히고 나왔다. 이 일로 문책을 받아, 임지로 떠날 배를 대놓은 채 100일이 넘도록 지체하다가 끝내 떠나지 못했다.

북방의 풍속에서는 이별을 대단치 않게 여긴다. 갈림길에서 "안녕!" 하고 즐겁게 웃으면서 헤어진다.

그런데 사람들 중엔 본래부터 눈물이 적은 이가 있다. 그런 사람은 애간장은 끊어질 것 같으면서도 눈은 오히려 반짝거린다. 이런 사람에게 눈물을 흘리라고 무조건 다그칠 수는 없는 노릇이다.

17. 친족과 외족의 호칭은 분명하게

친족의 명칭은 분명하게 구별해서 써야지 함부로 불러서는 안 된다. 못 배운 사람들은 부친이 돌아가시고 나면 외할아버지·외할머니를 친할아버지·친할머니처럼 그냥 '조부모'라고 불러, 듣는 사람들을 민망하게 만든다. 비록 눈앞에서 물어본다 하더라도 모두 '외外'자를 붙여서 구별해서 말해야 한다.

부모의 큰아버지와 작은아버지는 반드시 그 순서를 덧붙여서 구분해야 하고, 부모의 큰어머니와 작은어머니도 반드시 그 성씨를 덧붙여 구분해야 한다. 부모의 여러 종백부從伯父와 종백모從伯母, 종숙부從叔父와 종숙모從叔母, 또 종조부從祖父와 종조모從祖母는 모두 작위와 성씨를 덧붙여 구분해야 한다.

하북의 선비들은 다들 외할아버지와 외할머니를 '가공家公', '가모家母'라 부르고, 강남의 시골구석에서도 그렇게 말한다. '가家'를 써서 '외外'를 대신하는 건 내가 아는 바가 아니다.

18. 일족의 호칭도 남방과 북방이 달라

대대로 내려오는 종친의 계통에는 아버지의 형제인 '종부從父'가 있고, 할아버지 형제인 '종조從祖'가 있으며, 증조할아버지 형제인 '족조族祖'가 있다.

강남의 풍속에는 이 이상 혈족 관계의 경우 관직이 높거나 항렬이 높은 사람은 통상 '존尊'자를 덧붙여 부르고, 같은 조상에 같은 항렬이라면 비록 100대 이후라도 여전히 형제라고 부른다. 다른 사람들에게 일컬을 경우 모두 '집안사람〔族人〕'이라고 한다. 하북의 선비들은 비록 2, 30대 후라 할지라도 여전히 '종백從伯', '종숙從叔'이라고 부른다.

양 무제를 모시는 신하 중에 하후단夏侯亶이 있었다. 집안사람인 하후일夏侯溢이 형양내사衡陽內史가 되어 떠나던 날, 양 무제가 하후단에게 "하후일은 그대와 가까운 관계요?"라고 물었다. 그러자 하후단은 "이 사람은 제 종제從弟입니다."고 대답했다.

양 무제는 하후일이 하후단과 꽤 먼 친척 사이라는 것을 이미 알고 있었다. 그래서 "그대는 천한 사람이구려, 집안의 족제族弟인지 종제從弟인지 구별도 못하시오?"라고 했다.

이에 하후단이 "제가 듣기로 집안 관계는 금시 소원해진다고 하기에, 그래서 차마 족제라고 말하지를 못했습니다."라고 대답했다. 당시 사람들은 이를 참 기민한 대답으로 여겼다. 하지만 예법에는 맞지 않는다. 분명히 집안 친척이므로 '족제族弟'라고 했어야 옳다.

19. 부모의 내외 친척 자매의 호칭

내가 일찍이 주홍양周弘讓에게 "부모의 내외 친척 자매되는 분들은 어떻게 부릅니까?"라고 물었다. 주홍양은 "'장인丈人'이라고 부릅니다."고 대답했다. 주홍양의 집안에서는 남자를 '장부'라고 하기 때문에 여자 어른은 '장인'이라고 부른 것이다.

하지만 나는 우리 집안에서는 예로부터 '장인'이란 호칭을 부인에게 쓰는 것을 보지 못했다. 나는 부모의 사촌 항렬로서 친가 쪽에 속하는 분이라면 '시집간 아무개 댁 고모'라 하고, 외가에 속하는 분이라면 '시집간 아무개 댁 이모'라고 한다.

자기보다 항렬이 높은 이종과 고종에 속하는 다른 성씨의 남자 친척들을 보통 '장인'이라 부른다. 그러므로 그들의 부인은 속칭 '장모'라고 부른다. 사대부들은 '모母'자 앞에 성을 붙여 '왕씨 댁 어머니' 혹은 '사씨 댁 어머니'라는 식으로 부른다.

육기陸機의 문집 중에 〈여장사고모서與長沙顧母書〉가 있다. 그의 종숙모에게 보낸 편지로서 오늘날에는 '장사 땅의 고씨 댁 고모〔長沙顧母〕'와 같은 호칭은 쓰지 않는다.

20. 성씨 뒤에 공公을 붙여 부른다

북제 조정의 관리들은 조복야祖僕射라는 사람을 모두 '조공祖公'이라 불렀다. '조공祖公'은 할아버지를 부르는 호칭인데, 할아버지의 호칭과 혼동되는 것을 전혀 꺼리지 않았다. 심지어는 면전에서 그렇게 부르며 장난하는 사람도 있었다.

이는 사람을 부를 때 흔히 성씨 뒤에 '공公'을 붙여 부르기 때문에 벌어진 일이었다. 조복야祖僕射는 조祖씨 성을 가진 사람이었기에 '조공祖公'이라 불렀는데, 이는 '할아버지'를 부르는 말과 혼동되는 것이다.

21. 이름 대신 자字를 부른다

옛날에는 이름으로 개인을 구분하고 자字로 덕을 나타내었다. 이름은 돌아가시고 나면 입에 올리기 꺼려하여 쓰지 않았다. 하지만 자는 손자의 씨氏로 삼을 수 있었다.

공자의 제자로서 공자의 일을 기록한 이들은 다들 공자를 '중니仲尼'라고 자字로 적었다. 한 고조의 왕비인 여후呂后는 평민 시절 일찍이 한 고조 유방을 자로 불러서 '계季'라 한 적이 있었다. 한나라 때 원종爰種은 그의 숙부를 자로 불러서 '사絲'라 했다. 왕단王丹은 후패侯霸의 아들과 이야기하면서 후패를 자로 불러서 '군방君房'이라 했다.

강남에서는 지금까지도 어른들의 자를 말하는 것을 꺼리지 않는다. 하북의 선비들은 이름도 자로 부르고, 자도 물론 자로 부른다.

상서尙書였던 왕원경王元景 형제를 다들 명사라 한다. 하지만 그들 형제는 그의 부친 이름인 '운雲'과 자인 '나한羅漢'을 모두 다 말하기를 꺼려했다.

강남에서는 비록 어른의 자를 말하는 것을 꺼리지 않는다고 하지만, 자식 앞에서 그 아버지의 자를 부르는 것은 공손치 못한 일이다. 그러니 자에 대해 사람들이 이러거나 저러거나 각자가 알아서 할 일이다.

22. 초상 때 곡하는 법

초상을 당해서 우는 것을 곡한다고 한다. 곡하는 데도 예법이 있다. 《예기》〈간전閒傳〉에 다음과 같이 되어 있다.

"상복을 입는 기간이 3년으로 가장 긴 참최斬衰의 곡은 마치 숨이 넘어가 다시 돌아오지 않을 듯이 한다. 상복을 입는 기간이 1년인 자최齊衰의 곡은 숨이 넘어가되 다시 돌아올 듯이 한다. 상복을 입는 기간이 9개월인 대공大功의 곡은 한 번 소리 내면 세 번을 꺾으면서 훌쩍거린다. 상복을 입는 기간이 5개월인 소공小功과 3개월인 시마緦麻는 소리 없이 슬픈 낯빛만 보여도 된다. 이는 슬픔이 소리로 나타나는 것이다."

《효경》에서는 "곡은 하되 훌쩍거리지 않는다."고 했다. 모두가 곡을 할 때 그 소리에 가볍고 무거움, 거칠고 매끄러움의 차이가 있음을 논한 것이다.

예법에 곡을 하면서 말을 하는 것을 '호號'라 하는데, 곡에 말이 들어가기도 한다는 것이다. 강남에서는 상을 당해 곡을 할 때 가끔 슬프게 하소연하는 말이 들어간다.

하북 지역에서는 부모가 돌아가시면 오로지 하늘만 소리쳐 부른다. 1년 동안 상복을 입는 기복朞服이나 소공, 대공 이하로는 몹시 애통하다는 소리만 외치는데, 이것이 바로 호는 하되 곡은 하지 않는 것이다.

23. 조문 예절도 강남과 북방이 다르다

강남에서는 부모상을 당했는데 만약 아는 사람이 성읍에 함께 있으면서도 3일이 지났는데도 조문을 오지 않으면 그와는 절교한다. 탈상을 한 후 우연히 그를 만나도 피한다. 이것은 그가 자신을 가엽게 여기지 않았음을 원망해서이다.

사정이 있거나 길이 먼 경우에는 직접 조문할 수 없으므로 조문 편지를 보내도 된다. 하지만 조문 편지도 없었을 경우에는 그와 절교한다. 북방의 풍속은 그렇지 않다. 그렇게 엄격하게 조문을 따지지 않는다.

강남에서 모든 조문객은 상주와 알건 모르건 상주에게는 반드시 손을 잡고 조문해야 한다. 또 상주의 가족 중에서 아는 사람과는 손을 잡아도 된다. 하지만 상주 외에 모르는 사람과는 손을 잡지 않는다.

돌아가신 분의 먼 친척은 알지만 상주는 모를 경우, 사람들이 모이는 빈소에서 조문하지 않고 다른 날 명함을 갖추어 그 집으로 찾아간다.

24. 진일辰日의 미신을 버려라

음양오행설에서 12운성으로 보면, 수와 토는 진일에 묘墓에 처하게 된다. 그래서 "진일은 수水의 묘가 되고 또 토土의 묘가 되므로, 곡을 해서는 안된다."고 했다. 묘가 되는 날은 불길한 날이므로 곡을 하면 좋지 않다는 뜻이다.

그래서 왕충王充의 《논형論衡》에서는 "진일에는 곡을 하지 않는다. 곡을 하면 줄초상이 난다."고 했다. 그렇기 때문에 오늘날 못 배운 사람들은 진일에 초상이 나면, 경중을 따지지도 않고 온 집안이 잠잠하여 감히 소리도 내지 못하고 조문객도 받지 않는다.

또 도교의 책에서는 "그믐에 노래 부르거나 초하룻날 곡하는 것은 모두 유죄에 해당하여, 하늘이 그 수명을 빼앗는다."고 했다. 또 우물을 건너가거나 아궁이를 타고 넘는 일도 죄가 된다.

상가에서는 초하룻날과 보름날이면 슬픔이 더욱 깊어지기 마련이다. 그런데 어찌 목숨이 아깝다고 하여 곡을 하지 않겠는가? 이런 미신들은 사리를 깨닫지 못한 데서 나온 일들이다.

25. 영혼이 돌아온다〔歸殺〕는 미신도 버려라

도교나 음양가의 주장을 담은 민간의 속된 책에, 사람이 죽으면 그 넋인 '쇄殺'가 어느 정해진 날짜에 집으로 돌아온다〔歸殺〕고 한다. 그래서 그 날짜가 되면, 자손들이 달아나 숨고, 집에 있으려는 이가 없다. 그러면서 기와에 그림을 그리고 부적을 써서 온갖 주술을 행하기도 한다.

귀쇄歸殺를 피하기 위해, 상여가 나가는 날 문 앞에 불을 피우고 문 밖에다 재를 늘어놓기도 한다. 또는 푸닥거리를 해서 집안의 귀신을 내보내고 글을 바쳐 재앙이 이어지는 것을 막기도 한다.

이런 것들은 모두 올바른 사람의 도리와는 거리가 멀다. 사람의 품위를 해치는 행동이므로 지탄받아야 마땅하다.

26. 한쪽 부모를 여읜 후 맞이하는 명절

양친 중 한 분을 여의고 설이나 동지를 맞이하는 경우가 있다. 아버지가 안 계셔서 어머니, 조부모, 백부모, 숙부모, 고모, 형님, 누님에게 절을 할 때는 모두 눈물을 흘려야 한다. 어머니가 안 계셔서 아버지, 외조부모, 외삼촌, 이모, 형님, 누님에게 절을 할 적에도 역시 마찬가지이다.

아버지가 돌아가신 직후 아버지 형제를 만날 때는 눈물을 흘려야 인정이다. 또 어머니가 돌아가신 직후 어머니 형제를 만날 때도 눈물을 흘려야 인정이다.

27. 탈상 후 자손은 슬퍼해야 한다

강남 조정의 신하들은 자손이 막 상복을 벗고 나면 궁궐로 들어가 황제와 태자를 뵙는다. 이때 신하들은 모두가 눈물을 흘렸다. 황제와 태자는 그들을 위해 낯빛을 고쳤다.

탈상하고 자못 피부에 윤기가 흐르고 슬픈 감정이 없는 사람이 있다. 양 무제는 그런 신하를 보면, 야박한 사람이라고 여겨 쫓아내는 경우가 많았다. 배정裴政은 탈상을 하고서 무제에게 불교식으로 합장을 하고 몸을 구부려 절을 했다. 몸은 야위어 바짝 말랐고 눈물은 넘쳐흘렀다. 무제는 눈으로 그를 보내며 "그대의 부친 배지례裴之禮는 죽지 않았구려!"라고 했다.

28. 부모 여읜 자식은 언행을 삼간다

양친이 돌아가시고 나면 자식은 언행을 삼간다. 돌아가신 분이 거처하던 방에 아들과 며느리가 차마 들어가지 못한다.

북조 시절 돈구頓丘 사람 이구李構는 모친이 유씨劉氏였다. 모친이 돌아가신 뒤, 이구는 어머니가 거처하던 방을 평생 자물쇠로 닫아 걸었다. 차마 열고 들어갈 수가 없어서였다. 어머니가 남조의 송나라 때 광주자사廣州刺史를 지냈던 유찬劉纂의 손녀였기에, 이구가 여전히 강남의 풍습에 젖어 있었던 것이다.

이구의 부친 이장李獎은 양주자사揚州刺史가 되어 수춘壽春에 주둔하다가 죽임을 당했다. 이구는 그 뒤 왕송년王松年, 조효징祖孝徵 등 몇 사람과 함께 모여서 이야기를 하며 술을 마신 적이 있었다. 조효징은 그림을 잘 그렸다. 종이와 붓이 있는 것을 보더니 사람의 형상을 그려내었다. 잠시 후 술안주로 사슴 꼬리를 자르는 김에 장난삼아 앞서 그린 그림 속의 사람 형상을 잘라서 이구에게 보여주었는데 다른 뜻은 없었다.

그러나 이구는 비통해하며 안색이 변하더니 바로 일어나 말을 타고 가버렸다. 자리에 있던 사람들이 다들 놀랐지만 아무도 그 사정을 몰랐다. 잠시 후 조효징은 자기가 한 일이 이구의 부친이 살해당한 기억을 이구에게 불러일으키게 했다는 사실을 깨닫고서 몹시 당혹스러워했다. 하지만 당시에 이것을 알아차린 사람은 거의 없었다.

오군吳郡의 육양陸襄은 부친 육한陸閑이 사형을 당하자, 평생 벼슬을 하지 않고 채소만 먹으며 지냈다. 비록 생강을 잘라놓은 것이라 할지라도 칼을 댄 것은 모두 먹지 못하였고, 집에서는 오로지 손으로 딴 재료만 부엌에서 썼다.

강녕江寧의 도자독姚子篤은 모친이 화재로 사망하자, 평생 구운 고기를 먹지 않았다. 예장군預章郡의 웅강熊康은 부친이 술에 취해 노비에게 살해당하자, 평생 다시는 술을 입에 대지 않았다.

하지만 예법이란 인정에 따르는 것이요, 은혜는 올바름으로 판단하는 것이다. 양친이 음식을 잡수시다가 목에 걸려 돌아가셨다고 해서 음식을 끊을 수는 없는 노릇이다.

29. 부모님의 유품

《예기》에 아버님이 남긴 책과 어머님이 쓰던 그릇은, 손길과 체취가 느껴져서 차마 읽고 사용할 수가 없다고 했다. 양친이 늘 공부하고 익히며 대조하여 고치고 바로잡아 필사하셨으며 또 가까이 두고 쓰셨으므로, 그리운 흔적이 남아 있기 때문이다.

만약 보통의 서적이나 생활에 필요한 집기라면 어떻게 다 버려둘 수가 있겠는가? 계속해서 사용해야 한다. 더 이상 읽고 쓰지 않을 것이라면 흩어 내버릴 것까지 없고, 잘 묶어서 상자 안에 보관하여 후세에 남기면 된다.

30. 돌아간 어머니가 그리워 죽은 아이

사노思魯 등의 넷째 외숙모는 오군 사람 장건張建의 딸이었다. 그 외숙모에게는 다섯째 여동생이 있었는데, 세 살 때에 어머니를 여의었다.

돌아가신 이의 위패를 모셔놓은 곳 위에 병풍이 둘러쳐 있었다. 그 병풍은 평소에 어머니가 쓰던 오래된 물건이었는데, 지붕에 물이 새서 얼룩이 졌다. 그래서 집안사람들이 병풍을 햇볕에 쬐어 말렸다. 다섯째 여동생이 어머니가 쓰던 병풍을 보더니 엎드려 눈물을 흘렸다.

그런데 시간이 지나도 아이가 일어나지 않았다. 나중에 집안사람들이 이상히 여겨 아이를 안아 일으켰다. 그 자리는 눈물에 푹 젖어 있었고, 아이는 너무 애통해서 정신을 잃었으며 음식도 넘기지 못했다.

아이를 의원에게 보이자 의원은 진맥을 하더니, "창자가 끊어졌소!"라고 했다. 아이는 바로 피를 토하고는 며칠 만에 죽었다. 집안 안팎에서 이를 가엾게 여기고 슬퍼하며 탄식하지 않은 이가 없었다.

31. 부모님의 제삿날에는 즐기지 않는다

《예기》에 "부모님의 제삿날에는 즐기지 않는다."고 했다. 돌아가신 부모님을 바로 보고픈 마음이 그지없고 슬프고 즐겁지 않기에, 바깥 손님을 맞이하지 않고 잡무를 보지 않을 뿐 찾아오는 친척은 막지 않는다.

제삿날을 슬픈 마음으로 지낼 수만 있다면 어찌 꼭 깊이 숨어 있어야만 하겠는가? 세상 사람들 중에는 간혹 깊은 방에 가만히 앉아 거리낌 없이 웃고 얘기하고, 맛있는 것들을 잔뜩 차려놓고 제삿밥도 넉넉히 공양하는 사람들이 있다. 그런데 갑자기 급한 일이 생겼는데도 가까운 친척이나 절친한 친구조차도 만날 수 없다고 하는 이들이 있는데, 아마도 예법의 참된 의미를 모르는 것이리라.

32. 제삿날 외에 추모하는 날도 있다

위魏나라 때 왕수王修는 모친이 사일社日에 돌아가셨다. 사일은 마을 주민들이 모여 토지신〔社〕에게 제사를 지내는 날이다. 그런 다음에는 함께 잔치를 벌이고 논다.

이듬해 사일에 왕수가 돌아가신 모친이 보고 싶어서 몹시 슬퍼했다. 그러자 이웃사람들이 그 얘기를 듣고 그를 위해 사일의 축제를 그만두었다.

요즘은 양친이 돌아가시고 나면, 제삿날 외에도 특별한 날을 만나게 되면 돌아가신 분을 그리워하면서 다른 날과는 다르게 지낸다. 술 마시는 잔치에 참석하거나 노래를 듣고 유람 다니는 일은 하지 않는다. 복날, 종묘 또는 사직에 제사 지내는 날, 춘분, 추분, 동지, 하지, 기일이 든 작은달의 그믐 전후 사흘 등이다.

33. 동음이자同音異字는 피휘하지 않는다

유도劉縚, 유원劉緩, 유수劉綏는 형제가 모두 이름난 인재들이었다. 그들은 그 부친의 이름이 '소昭'라서 중국어로 동음이자인 '조照'자를 평생 쓰지 못했다. 대신 《이아》에 의거하여 '화火' 방傍의 '소召'자, 즉 '소炤'자만 썼다.

그런데 글을 쓸 때 직접 휘자를 범하는 것은 피해야 마땅하겠지만, 동음이자의 경우에는 다 그럴 수가 없다. '유劉'자의 아랫부분인 '쇠釗'도 중국어로 음이 '소昭'이다.

여상呂尙의 자식들이 만약 '상尙'과 동음이자인 '상上'자를 쓰지 못하고, 조일趙壹의 자식들이 가령 '일壹'과 동음이자인 '일一'자를 쓰지 못한다면, 바로 붓만 대면 문제가 생기고 모든 글이 다 걸리게 될 것이다.

34. 언행은 신중해야 한다

일찍이 갑이 잔치를 열어 을을 손님으로 청한 적이 있었다.

다음날 아침 갑이 관청에서 을의 아들을 만나서 "어르신께서 언제쯤 저희 집에 오실지요?"라고 물었다. 그러자 을의 아들이 "아버지는 이미 가셨습니다〔父已往〕"고 하여, 당시에 웃음거리가 되었다. 그것은 중국어에서 '왕往'은 그냥 '가다'는 뜻도 있지만 '돌아가다', '죽다'의 뜻도 있기 때문이다.

이와 같은 사례는 그때그때 말과 행동을 신중하게 대처해야 함을 알려준다. 자칫 경솔하게 말하거나 행동해서 남의 웃음거리가 되어서는 안 된다.

35. 강남의 생일 풍속

강남의 풍속에 아이가 태어나 첫돌이 되면, 새 옷을 짓고 목욕시켜 치장을 한다. 그리고서 돌잡이 행사를 한다. 사내아이면 활과 화살, 종이와 붓을, 여자아이면 가위와 자, 바늘과 실을 준비한다.

음식과 진귀한 보물, 옷과 장난감 등과 함께 아이 앞에 차려놓고서 아이에게 마음대로 잡게 하는 돌잡이를 한다. 아이가 무엇을 잡는지 보고 욕심이 많을지 청렴할지, 어리석을지 지혜로울지 앞날을 예측한다.

이날 친가와 외가의 친척들이 모여서 생일잔치를 벌인다. 이 이후로 양친이 계실 경우 늘 자식의 생일날이 되면 술과 음식을 함께 나누는 일이 있었다.

못 배운 사람들은 양친이 이미 돌아가시고 난 후에도 자신의 생일날이면 다들 음식을 마련해놓고 실컷 먹고 마시며 노래를 부른다. 그들은 부모가 돌아가신 뒤에는 돌아가신 부모를 그리워하고 슬퍼하면서 생일날 그렇게 해서는 안 되는 줄 모른다.

양 원제는 젊었을 시절, 매년 8월 6일 생일이면 언제나 음식을 마련하여 스님들을 공양하고 불경을 강론하게 했다. 하지만 모친 완수용阮修容이 돌아가신 후로는 이 일도 끊었다. 자신의 생일이란 곧 모친이 자신을 낳느라 고생하신 날이었음을 생각하였기 때문이다.

36. 괴로울 때 외치는 소리

사람이 힘들거나 아프면 자기도 모르게 '하느님!'이나 '어머니!' 등을 부른다. 이는 예로부터 그러했다. 그러나 오늘날에는 곳곳에서 아주 엄격하게 금기시된다. 아마도 원망과 저주의 뜻이 들어 있어서 못하게 하는 것일 것이다.

강동의 선비들이나 평민들은 아프면 '녜禰!'를 외친다. '녜'는 아버지 사당의 호칭이다. 아버지가 살아계실 때도 사당을 말해서는 안 되는데, 아버지가 돌아가셨다고 어떻게 갑자기 외쳐 부르는 것이 용납되겠는가?

그러니 '내嬭!'를 불렀다고 해야 옳다. '내嬭'는 어머니 '모母'의 속자이다. 우리는 다급할 때는 '어머니!'를 외쳐 부르는데 바로 그런 소리이다.

《창힐편蒼頡篇》에 '효侑'자가 있는데, 《훈고訓詁》에 "아파서 울부짖는 소리로, 음은 우羽와 죄罪의 반절이다."라고 했다. 오늘날 북방 사람들은 아프면 '효!'라고 소리친다.

《성류聲類》에는 음이 우于와 뢰耒의 반절로 나와 있는데, 오늘날 남방 사람들이 아프면 간혹 그렇게 외치기도 한다.

이 두 가지의 음은 지역 사투리에 따른 것으로 둘 다 쓸 수 있다. '侑'자는 오늘날 '효'로 읽지만 옛날 발음은 아마 달랐을 것이다. 또 오늘날 풍속에서 아파서 소리칠 때 '아육阿喔'이라 하기도 한다. 발음은 시간이 흐르면 변하므로 고정되지 않는다.

37. 탄핵된 사람의 자손도 죄인이다

양나라 때 체포되어 심문받는 사람은 그 자손과 동생, 조카들이 모두 궁궐 문 앞에 가서 3일 동안 맨머리를 드러내고 맨발로 사죄를 한다. 만약 자손이 벼슬에 있으면 스스로 사직을 청한다.

죄인의 자식은 때 묻은 얼굴에 쑥대머리를 하고, 짚신을 신고 거친 옷을 입는다. 허둥지둥하면서 길에서 담당관이 오기를 기다린다. 담당관을 만나면 머리를 조아려 땅에 찧고 피를 흘리면서 억울함을 하소연한다.

만약 죄인 중에 중노동에 해당하는 도형徒刑에 처해지면 노예가 된다. 그러면 여러 자식들은 모두 관아의 문에다 초막을 세우고 감히 집에서 편안히 지내지 못한다. 한번 시작하면 열흘을 넘기곤 한다. 관리들이 쫓아낸 후에야 비로소 물러난다.

강남에서 감찰관이 사람들을 탄핵한 경우, 가벼운 사안으로 갇혔는데 옥사를 하는 일이 생기는 경우가 있다. 또는 중대한 사안이 아닌

데도 예법상 치욕을 당하는 경우도 있다. 그러면 감찰관과 죄인 집안은 모두 원수가 되고 자손은 3대가 서로 교류하지 않는다.

도흡到洽이 어사중승御使中丞이 되어서 처음 유효작劉孝綽을 탄핵하려 할 때, 그의 형 도가到漑가 유효작과 전부터 친분이 있어 동생에게 간곡히 부탁했다. 하지만 들어주지 않자, 이에 도가는 유효작을 찾아가 눈물을 흘리며 결별하고 떠났다.

38. 집안 어른이 위태로우면 가족은 근신한다

싸우는 병기는 흉기이고 전쟁은 위험하다. 평안하고 온전한 길이 아니다. 옛날 천자는 상복을 입고서 군사들 앞에 나섰다. 장군은 북쪽으로 나가는 문을 뚫고 출정했다. 모두 죽을 각오를 한다는 의미이다.

만약에 아버지, 할아버지, 백부, 숙부가 군대의 진영에 있다면 가족은 생활을 절제해야 한다. 그 기간에는 풍악을 울리고 잔치를 벌이거나 혼례나 관례 같은 즐거운 의식을 치러서는 안 된다.

집안의 어른이 만약 포위된 성 안에 있다면, 후손은 안색을 초췌하게 하고 장신구나 노리개 따위는 차면 안 된다. 그리고 늘 깊은 물가에 임하고 얇은 얼음을 밟는 듯한 자세를 취해야 한다.

부모의 병이 위독하면, 의원이 비록 신분이 천하거나 나이가 어려도 의원에게 눈물을 흘리고 절을 올리며 애원해야 한다. 양나라 효원제가 강주江州에 있을 때 일찍이 편찮은 적이 있었다. 그러자 세자 방등方等이 친히 중병참군中兵參軍 이유李猷에게 절을 하면서 병을 낫게 해주기를 청했다.

39. 의형제 맺기는 신중하게

세상 사람들이 형제의 관계를 맺는 것이 어찌 쉬운 일이겠는가? 반드시 뜻이 같고 의기가 투합해야 하며 끝까지 처음 같을 수 있어야 비로소 논의해볼 만하다.

일단 그렇게 형제가 된 후에는 자식들로 하여금 엎드려 절하게 하고 장인으로 불러 아버지 친구로서 경의를 표하게 한다. 자신도 상대의 양친을 섬기면서 부모로서 예우해야 한다.

근래 북방 사람들을 보았더니 이러한 예절을 대수롭지 않게 여긴다. 길을 가다가 만나서 바로 형 아우를 정하기도 한다. 또 연배나 모습만 보고 옳고 그름은 따지지도 않는다. 심지어는 아버지뻘 되는 분을 형으로 삼고 자식뻘 되는 이를 아우로 삼는 경우까지도 있다.

이렇게 이치에 맞지 않게 의형제 관계를 맺는 풍습은 당시 인륜을 어지럽히는 양자 제도로 말미암아 생겨난 것이다. 동생을 낮추어 자식으로 삼고, 손자를 높여 자식으로 삼는 현상이 드물지 않았다. 그랬기에 친구 관계를 맺는 일이 어지럽게 되었다.

40. 손님을 맞는 예절은 공손하게

옛날 주공은 손님이 오면 머리를 감다가도 나가서 맞이했다. 그래서 머리를 감으면서 세 번이나 감던 머리털을 움켜쥐었다. 또 밥 한 끼 먹으면서 세 번이나 입에 물고 있던 음식을 뱉어내고서 미천한 선비들을 맞이했다. 그리하여 하루에 만난 사람이 일흔 명이 넘었다.

진晉 문공은 머리를 감는다고 시종 두수頭須의 면회를 거절했다가, 두수의 항의를 받았다. 훗날 진 문공이 되는 중이重耳가 공자였던 때, 두수는 시종이었다. 중이가 외국으로 도망가자 두수는 창고의 재물을 훔쳐 제후들에게 중이를 도와 귀국할 수 있도록 했다. 그리하여 중이가 진나라로 돌아오자 두수가 면회를 요청했다. 하지만 문공은 머리를 감고 있다면서 면회를 거절했다. 그러자 두수는 "나라에 남아서 중이를 도운 사람이나 중이를 따라 외국에서 고생한 사람이나 모두 임금을 위한 훌륭한 신하들이다. 어째서 나라에 남아 있던 사람은 잊어버린다는 말이냐?"고 했다. 하인이 이 말을 문공에게 보고하자, 문공은 급히 두수를 면회했다.

대문에서 손님을 멈추어 기다리게 하지 않는 것은 옛날에 중요하게 여긴 일이었다. 교양 없는 집안은 문지기가 무례하여, 주인이 잠을 잔다느니 식사 중이라느니 화가 나 있다느니 하면서 손님을 막고 들어가지 못하게 하는 경우가 있다. 강남에서는 이런 일을 몹시 부끄럽게 여긴다.

황문시랑黃門侍郎이었던 배지례裴之禮는 훌륭한 사대부로 알려졌는데, 만약 문지기가 이런 실수를 저지르면 손님 앞에서 매를 쳤다. 그래서 그 집 문지기와 종들은 손님들을 맞이할 때 행동거지와 자세, 응대하는 말투와 안색이 엄숙하고 공경스러웠다. 손님을 대하는 태도가 주인을 대할 때와 같았다.

제7편 어진 이를 모아라

1. 훌륭한 사람을 가까이하라

옛사람이 말했다. “천 년에 성인 한 분이 나와도 마치 아침저녁 사이 같다. 오백 년에 현인 한 분이 나와도 마치 어깨를 나란히 하여 연이어 나오는 것 같다.” 이는 성인과 현인을 만나기가 이렇게나 어렵고 뜸하다는 말이다.

만약 세상에서 보기 힘든 뛰어난 인물을 만나게 된다면, 어찌 그를 따르며 흠모하지 않겠는가? 나는 난세에 태어나 전쟁통에서 자랐다. 정처 없이 떠돌고 피난 다니며, 보고 들은 일들이 많았다. 그러면서 일찍이 만났던 훌륭한 인물들에게 심취하고 마음을 빼앗겨 존경하고 흠모하지 않은 적이 없었다.

사람이 어릴 적에는 심성이 채 정해지기 전이라 가까이 지내는 이들에게 물들고 감화를 받는다. 말하고 웃고 행동하는 방식들을 굳이 배우려고 하지 않아도 점차 닮아간다. 모르는 사이에 동화되어 절로 비슷해진다. 하물며 품행이나 예능처럼 비교적 분명하고 쉽게 익힐 수 있는 것들이야 더 말할 나위가 있겠는가?

그러므로 선한 사람과 함께 지내게 되면, 마치 향기로운 지초나 난초가 있는 방에 들어간 것처럼 오래되면 절로 자신의 몸에서 향기가 풍기게 된다. 악한 사람과 함께 지내면, 마치 절인 생선을 파는 가게에 들어간 것처럼 오래되면 절로 악취가 풍기게 된다.

묵자는 실을 염색하는 일을 보고 슬퍼했다고 한다. 새하얀 실이 어느 물감에 젖느냐에 따라 그 색깔이 달라지기 때문이다. 그러니 군자는 반드시 남들과의 교유에 신중해야 한다.

공자는 "자신만 못한 이를 친구 삼지 말라."고 했다. 하지만 안연이나 민자건閔子騫 같은 분들을 어떻게 세상에서 쉽게 얻을 수 있겠는가! 단지 나보다 낫기만 하다면 그것만으로도 그 사람을 충분히 존중할 만하다.

2. 등잔 밑이 어둡다

세상 사람들은 다들 사리에 어두워서, 귀로 듣는 것을 중시하고 눈으로 보는 것은 천시한다. 또 멀리 있는 것을 중히 여기고 가까이 있는 것을 가벼이 여긴다.

어려서부터 함께 자라면서 가까이 지내다 보면 뛰어난 사람이 있어도 잘 몰라본다. 늘 가볍게 여겨 함부로 대하고 예로써 공경하지 않는다. 다른 지역 다른 고을 사람 같으면 그러지 않는다. 약간의 풍문만 들려도 목을 늘이고 발돋움하고서 애타게 기다리는 것이 굶주리고 목마른 사람보다 더하다.

장단점을 비교해보고 잘하고 못하는 것을 꼼꼼히 따져보면, 때로는 먼 데 있는 사람이 가까이 있는 사람만 못할 수도 있다. 그래서 노나라 사람들은 공자가 성인인 것을 알아보지 못하고 '저 동쪽 집에 사는 구丘는 내가 알지.'라고 쉽게 여겼다.

또 옛날 우나라의 궁지기宮之奇는 어려서 군주와 함께 자랐다고 군주가 그를 얕잡아보았다. 그래서 그의 간언을 받아들이지 않아 나라가 망하기에 이르렀다. 진晉나라가 다른 나라를 친다면서 우나라에 길을 빌려 달라고 했다. 그러자 궁지기가 우나라 왕에게 간언을 올려

길을 빌려주면 끝내는 진나라가 우나라를 쳐서 멸망시킬 거라고 했다. 하지만 우나라 왕은 듣지 않았다가 진나라에 의해 나라가 멸망했다. 그러니 등잔 밑이 어둡다는 사실을 유념하지 않으면 안 된다.

3. 남의 언행을 훔치지 말라

남의 말을 쓰면서 그 사람은 내버리는 것을 옛사람들은 부끄럽게 여겼다. 말 한 마디, 행동 한 가지라도 남에게서 취한 것이라면 모두 드러내어 밝혀야 한다. 남의 훌륭한 점을 가로채 자신의 솜씨로 삼아서는 안 된다. 글 쓰는 사람이 몰래 남의 아름다운 표현을 훔쳐서 자신의 것으로 삼는 경우가 있다. 이런 표절은 끝내 자신의 소유가 되지 못하고 오히려 욕을 먹게 한다.

비록 지위가 낮고 미천한 사람이라 할지라도 반드시 그에게 공을 돌려야 한다. 남의 재물을 훔치면 형벌에 처해지지만, 남의 훌륭한 점을 훔치면 귀신에게 벌을 받는다.

※ 〈편역자 생각〉

한국도 표절 논란이 많다. 학문 쪽에서도 있고, 예술 쪽에서도 있다. 남의 물건을 훔치면 도둑질이라고 생각하고 죄책감을 느낀다. 그런데 남의 논문이나 작품을 훔치면 도둑질이라고 생각하지 않는 사람들이 많다. 표절도 도둑질이라는 인식을 온 국민이 해야 한다.

한국에는 학위를 명예로 알고 장식품처럼 여겨 취득하려는 사람들이 많다. 그런 사람들이 주로 표절을 저지른다. 이것을 막으려면 지도교수와 학생을 함께 처벌해야 한다. 학위 논문은 지도

교수가 책임지고 지도해서 완성하기 때문이다. 학생은 학문을 잘 모르니 지도교수의 말을 따르기 마련이다. 따라서 표절은 알고 보면 지도교수가 학생보다 더 큰 책임이 있다. 그러므로 표절이 발생하면 지도교수와 학위 취득자 둘을 함께 처벌해야 근절된다.

이미 1,500년 전에 안지추 선생은 "표절은 끝내 자신의 소유가 되지 못하고 오히려 욕을 먹게 한다."고 말했다. 그런데 1,500년이나 흐른 오늘날 선진국이 되었다는 대한민국에서 아직까지 표절 논란이 끊이지 않고 있음은 참으로 부끄러운 일이다. 표절이 없어져야 대한민국이 진정한 선진국이 된다.

4. 출신이 미천해도 유능한 사람이 있다

양나라 효원제가 전에 형주荊州에 있을 때 정첨丁覘이라는 사람이 있었다. 그는 홍정洪亭 지방의 평민일 뿐이었으나 글을 상당히 잘 지었고 특히 초서와 예서에 뛰어났다. 그래서 효원제는 글씨 쓰는 일을 모두 그에게 시켰다.

그러나 군부軍府에서는 그의 출신이 미천하다고 그를 존중하지 않는 이들이 많았다. 그래서 자제들로 하여금 그의 글씨를 본으로 삼게 하는 것을 부끄럽게 여겼다.

당시에 사람들은 "정 씨의 글씨 열 장이 왕포王褒의 글씨 몇 자만 못하다."고 했다. 하지만 나는 평소 그의 글씨를 애호하여 늘 소중하게 간직했다.

효원제가 일찍이 전첨典籤이었던 혜편惠編을 시켜 좨주祭酒인 소자운蕭子雲에게 문장을 보냈다. 쇄주가 혜편에게 물었다. "임금께서 근래 내려주신 서한과 시문에 쓴 글씨는 참으로 뛰어난 솜씨였습니다. 그분의 성함이 어떻게 되십니까? 어떻게 전혀 알려지지 않을 수가 있습니까?"라고 했다. 혜편은 사실대로 대답했다. 소자운은 탄식했다. "이 사람은 후인들이 견줄 수가 없을 텐데 끝내 세상 사람들의 인정을 받지 못하고 있으니, 이 역시 별난 일이로다."

그 이야기를 들은 사람들은 점차 정첨을 다시 보게 되었다. 얼마 후 정첨은 벼슬이 상서의조랑尙書儀曹郎에 이르렀다. 나중에는 진나라 안왕의 시독侍讀이 되어 왕을 수행하고 동쪽으로 내려갔다.

양나라가 패망하여 강릉이 함락될 때 정첨이 쓴 편지나 문서들은 다 없어져버렸다. 정첨도 얼마 후에 양주揚州에서 죽었다. 예전에 얕보던 이들은 뒤에 그의 글씨 한 장을 얻고 싶어도 얻을 수가 없었다.

5. 관리의 능력은 중요하다

하남왕河南王 후경이 반란을 일으켜, 양무제가 다스리는 건업에 쳐들어왔다. 당시 궁궐 문은 비록 닫혀 있었지만, 반란군의 침략에 민관이 혼란에 빠져서 다들 어찌할 바를 몰랐다.

태자좌위솔太子左衛率이었던 양간羊侃은 동액문東掖門을 지키며 인원을 나누어 배치하고 공격에 대비했다. 하룻밤 사이에 모든 준비를 끝마쳤다. 결국 백여 일 동안 흉적들에 대항할 수 있었다. 이때 성안에 있던 4만여 명쯤의 민간인과 100명이 넘는 왕공들과 조정의 신하들이 양간 한 사람에게 의지하여 버틸 수 있었다. 관리 한 사람의 능력 차이가 이처럼 크다.

옛사람이 "소부巢父와 허유許由는 천하를 사양하였건만, 저잣거리의 소인들은 한 푼의 이익을 다툰다."라고 했다. 이렇게 인물들의 인격 또한 차이가 크다.

6. 나라의 존망이 영웅의 생사에 달려 있다

북제의 문선제文宣帝가 즉위한 지 몇 년이 지나 주색에 빠져 방종하니 도무지 나라에 기강이 없었다. 그래도 정치를 상서령尙書令인 양준언楊遵彦에게 맡겨서, 나라 안팎이 조용하고 조정과 민간이 편안했다. 각기 제자리를 찾아 큰 논란 없이 천보天保 연간을 무사히 끝마칠 수 있었다. 뒤에 효소제孝昭帝가 즉위하여 양준언을 죽였다. 그때부터 북제의 형벌과 정치가 쇠퇴하기 시작했다.

북제에 곡률명월斛律明月이라는 신하가 있었다. 그는 북주가 쳐들어오자 적의 공격을 무찔러 나라를 지켰다. 이에 북주는 곡률명월을 모함하는 유언비어를 퍼뜨리고, 첩자를 시켜 북제의 황제에게 알렸다. 황제는 거기에 속아 곡률명월이 모반을 했다고 여겨 그의 일족을 멸했다.

곡률명월이 죄 없이 주살되자 장수와 병졸들이 흩어졌다. 그러자 북주는 마음 놓고 북제를 공격해서 마침내 멸망시켰다. 관중關中 지역에서는 지금까지도 곡률명월의 용맹과 충성을 기리고 있다.

한 사람의 용병술이 어찌 만민의 바람을 채워줄 정도에 그칠 뿐이겠는가 나라의 존망이 영웅의 생사에 달려 있다.

7. 유능한 관리는 나라의 울타리이다

북제의 장연준張延雋은 진주晉州의 행대좌승行臺左丞으로 일했다. 그는 최고 장수를 보좌하여 국경 지역을 안정시키고 기물을 비축하여 백성들을 아끼고 살게 해주었다. 그 위엄이 한 나라에 떨쳤다.

소인배들은 자기 뜻대로 할 수 없게 되자, 힘을 합쳐 장연준을 다른 곳으로 보내버렸다. 장연준이 교체되자 북제는 관청과 민간이 혼란해졌다. 그러자 북주의 군사들이 일거에 북제를 공격하여 진주를 먼저 진압했다. 북제 멸망의 자취는 여기서부터 시작되었다.

※ 〈편역자 생각〉

한 나라의 운명은 지도자가 현명하느냐 어리석느냐에 따라 좌우된다. 조선에 이순신 장군이라는 영웅이 나와서 국난을 극복했듯이, 중국에서도 그런 일들이 많았다. 오늘날 대한민국이 후진국에서 선진국에 이른 것은 그동안 훌륭한 대통령이 나라를 잘 이끈 덕이 크다. 앞으로도 우리는 좋은 지도자를 대통령으로 선출해야 한다. 나라를 잘 이끌고 못 이끌고는 대통령의 책임이지만, 그 대통령을 잘 뽑고 못 뽑고는 국민의 책임이다.

한국의 대통령제는 5년 단임제이지만, 그 5년 안에 나라가 흥할 수도 망할 수도 있다. 그러니 대통령을 선출할 때에는 후보자의 이념 성향이 대한민국의 정체성正體性과 맞는지부터 잘 판단해야 한다. 그리고 과거 지향적인 사람보다는 미래 지향적인 사람을 선택해야 한다. 선진국으로서 대한민국을 더욱 발전시켜 나갈 사람을 대통령으로 선출해야 한다.

제8편 부지런히 공부하라

1. 선비는 부지런히 배워야 한다

예로부터 명철하고 성스러운 제왕들조차도 오히려 모름지기 학문에 힘썼다. 하물며 평범한 사람들이야 더 말할 나위가 있겠는가!

학문의 중요성에 대한 실례는 경전과 사서에 두루 씌어 있다. 일일이 열거할 수 없을 정도이다. 다만 근래의 확연하고도 간명한 사례를 들어 너희들이 깨우치도록 일깨울 따름이다.

사대부의 자제라면 네 살을 넘어 소년기에 접어들면 교육을 받지 않는 이가 없다. 많이 배운 이는《주례》와《춘추좌씨전》에 이르고, 적게 배운 이라도《시경》과《논어》는 빠뜨리지 않는다.

성년이 되고 혼례를 치를 나이가 되면 남자는 몸과 마음이 점차 안정된다. 그러면 그 타고난 재능에 바탕을 두고 그전보다 갑절로 가르치고 이끌어야 한다. 지향하는 목표가 있는 자는 반드시 갈고 닦아 선비로서의 본업인 유학을 익히게 될 것이다. 그러나 몸가짐을 바르게 하지 못한 자는 게으르고 산만해져서 범속한 사람이 되고 말 것이다.

사람이 세상을 살아가자면 반드시 종사하는 일이 있어야 한다. 농부라면 농사일을 계획하여 헤아리고, 장사치라면 상품의 가격을 따질 터이고, 장인이라면 기물에 솜씨를 다하고, 예인이라면 그 재주를 깊이 고안할 터이다. 마찬가지로 무인이라면 활쏘기며 말 타기를 몸에 배도록 익혀야 할 것이고, 문사라면 경서를 강론해야 할 터이다.

그런데 사대부랍시고 농사나 장사에 관여하는 것을 창피해하고,

기술이나 기예에 힘쓰는 것도 부끄러워하는 사람들이 있다. 그렇다고 해서 활을 잘 쏘지도 못한다. 활을 쏘면 갑옷의 갑편을 뚫지도 못한다. 게다가 선비로서 글을 쓰면 겨우 제 이름자나 쓸 정도에 그친다. 그러나 집에 재산은 있어서 평생 배불리 먹고 술에 취한 채 멍하니 하는 일 없이 허송세월만 하면서 일생을 마치는 이들이 많다.

어떤 사람은 집안이 대대로 벼슬해온 덕에 반쪽짜리 말단 관직이라도 얻으면 이때부터 곧 만족해버린다. 그때부터는 학문을 닦는 일은 까맣게 잊어버린다. 그러니 길흉의 대사라도 생겨 이해득실을 의논이라도 할라치면 멍청하니 입만 벌린 채 아무 말도 못한다. 그 모습이 마치 구름 속이나 안개 속에 앉아 있는 듯하다.

그런 사람은 공사 간에 연회에라도 모여 옛일을 이야기하거나 시라도 읊을라치면, 묵묵히 입을 닫고 고개를 숙인 채 하품이나 하고 기지개나 켤 뿐이다. 학식 있는 선비가 곁에서 볼라치면, 그를 대신해 땅속으로 숨어 들어가 버리고 싶을 지경이다.

너희들은 잘 들어라. 어찌 몇 년간 부지런히 배우는 노력을 아까워하다가 일생 동안 길이 수모와 치욕을 당하겠는가! 제발 공부해야 할 때를 놓치지 말고 열심히 공부하여라.

2. 학문 없는 귀족은 몰락한다

양나라 전성기에 유한 귀족자제 가운데는 학문이라고는 갖추지 못한 이들이 많았다. 그래서 속담에 “수레에 오르다 떨어지지만 않으면 ‘저작랑著作郞’이요, 편지글에 ‘안녕하십니까’ 하고 인사치레만 할 줄 알면 ‘비서랑秘書郞’이다.”고 할 지경이었다. 저작랑著作郞은 ‘글 쓰는 선비’라는 말이고, 비서랑秘書郞은 ‘중간 관리’라는 말이다.

양나라 전성기에 생활이 넉넉한 귀족자제들은 벼슬길에 오르면, 향내를 옷에 쐬고 수염을 말끔히 민 다음, 분 바르고 연지를 찍는다. 그리고 차양이 긴 편안한 수레를 타고 굽 높은 나막신을 신고 여유롭게 드나든다. 집 안에서는 볼 만한 기물을 좌우에 늘어놓고, 바둑판무늬를 짜 넣은 비단 방석에 앉아, 온갖 색실을 섞어 짠 허리받이에 기댄다. 그 모양을 바라보자면 신선인가 싶다.

그들은 과거에 급제하고자 사람을 사서 답안을 쓰고, 고관들의 연회에 참가하면 남의 손을 빌어 시를 지었다. 이들이 당시에는 그래도 호쾌한 선비였다.

하남왕 후경侯景이 난리를 일으켜 쳐들어와, 양 무제를 잡아 가두었다. 그 이후로 조정에 변혁이 일어났다. 벼슬아치를 선발하는 전형관이나 추천관들이 다른 사람들로 바뀌었다. 또 요직에서 권력을 쥔 사람들도 과거 당파의 무리들은 찾아볼 수 없었다.

조정에서 쫓겨난 관리들은 제 한 몸에서 구하려 한들 얻을 것이 없고, 세상에 베풀고자 한들 쓸 만한 것이 없었다. 겉에는 거친 옷을 입었을 뿐만 아니라 속에도 옥玉이 없었다. 겉가죽을 잃어버리자 속 내용도 다 드러나버렸다. 마치 외발로 서 있는 듯한 모양이 마치 마른 나무 등걸 같았다. 또 주저앉은 모양이 물 마른 강바닥인 듯했다. 실의하여 전란 중에 떠돌다 산골짜기에 떨어져 죽고 만 선비들도 많았다. 이들은 당시에 참으로 어리석은 자들이었다.

학문과 기예를 갖추면 어느 곳에서든 안주할 수 있는 법이다. 난리통에 많은 사람들이 포로가 되었다. 비록 대대손손 신분이 미천해도 《논어》와 《효경》을 읽을 줄 아는 사람이면 오히려 남의 스승이 되었다. 그러나 오랜 세월 벼슬한 집안이었더라도 책을 읽을 줄 모르면 농사나 짓고 말이나 치게 되었다.

이것으로 보건대 어찌 스스로 열심히 공부하지 않을 수 있겠는가? 만약 항상 수백 권의 책을 간직할 수만 있다면 천년토록 미천한 사람이 되지는 않을 것이다. 너희들은 명심하고 또 명심하여라.

3. 독서만이 살 길이다

무릇 육경六經의 요지를 밝히고 백가百家의 서적을 섭렵하는 것이 덕행을 더해주거나 풍속을 아름답게 만들어줄 수는 없을지 모른다. 하지만 독서를 한 가지 기예로 삼아 그것으로 자신이 살아갈 밑천을 얻을 수는 있다.

부모와 형제도 영원히 의지할 수는 없고 고향이나 국가도 영원히 보전될 수는 없다. 하루아침에 떠도는 신세가 되면 비호해줄 사람이라고는 아무도 없다. 그러니 마땅히 홀로 자신의 힘으로 살아갈 방도를 찾아야 한다.

속담에 "천만금 쌓아놓은 재물도 제 몸에 지닌 하찮은 기예만 못하다."고 했다. 기예 가운데서 쉽게 익힐 수 있으면서도 귀하게 여겨질 만한 것으로서는 독서만 한 것이 없다.

세상 사람들은 어리석든 지혜롭든 저마다 더 많은 사람들을 알고 싶어 하고, 더 널리 사물을 보고 싶어 한다. 그러나 책을 읽으려 들지는 않는다. 이는 배를 불리고 싶으면서도 음식 마련하기를 게을리하고, 몸을 따뜻하게 하고 싶으면서도 옷 짓기를 귀찮아하는 것과 마찬가지이다.

무릇 독서를 하는 사람은 복희씨와 신농씨 이래로 우주의 밑에 놓인 이 세상에 얼마만 한 인류가 있었는지를 두루 알 수 있다. 또 얼마만 한 일이 벌어졌는지도 두루 살필 수 있다. 인류의 성공과 실패, 사랑과 증오에 대해서는 굳이 말할 것도 없다. 그러니 독서하는 이에게는 천지라도 감출 수가 없을 것이요, 귀신이라도 숨을 수가 없을 것이다.

4. 배움은 금과 옥을 광택 나게 한다

어떤 사람이 내게 따져 물었다.

"나는, 강한 쇠뇌와 긴 창으로 죄인을 주살하고 백성을 편안하게 함으로써 공후公侯의 작위를 얻은 이들을 보았소. 또 법도를 탐구하고 관리의 길을 익혀 시절을 바로잡고 나라를 부유하게 함으로써 정승의 지위를 얻은 이들도 보았소.

그러나 학문으로는 고금을 갖추고 재주로는 문무를 겸비하고서도 녹봉과 지위가 없어 처자를 굶주리고 헐벗게 한 이들도 이루 다 셀 수가 없소. 그러니 어찌 배움이 귀하다 할 수 있겠소?"

내가 그에게 대답해주었다.

"무릇 사람은 운명으로 궁벽해지거나 현달하게 됩니다. 사람은 비유하자면 그 바탕이 금옥이나 목석과 같습니다. 학문과 기예를 배우는 것은 이 바탕을 광택 나게 하거나 조각하는 것과 같지요.

금과 옥을 광택 나게 하면 그것이 광석일 때보다 스스로 아름다워집니다. 반면에 나무나 돌을 토막 나고 쪼개진 채로 그대로 두면 그것이 조각되었을 때보다 아름답지 않지요. 어찌 조각된 목석이 광석인 채로 그대로 있는 금옥보다 낫지 않다고 말할 수 있나요? 그러니 배운 사람이 혹시 빈천할지라도 배우지 못한 사람이 어쩌다 부귀한 것보다 못하다고 할 수는 없지요.

게다가 갑옷을 입고 병사가 되거나 붓을 입에 물고 벼슬아치가 되었을지라도 그 능력과 인격이 부족하여 몸이 죽으면서 이름도 같이 사라져버린 이는 쇠털같이 많습니다. 그러나 기린의 뿔처럼 우뚝 솟은 뛰어난 인물은 영지 풀처럼 귀합니다.

책을 읽고 도를 읊조리고 덕을 노래하면서 수고를 하는데도 아무런 이익도 없는 이들은 일식日蝕처럼 적습니다. 그러나 명리에 탐닉하는 이들은 가을철 쑥바귀처럼 많습니다. 그러니 어찌 이들을 동일한 선상에 두고 말할 수 있겠습니까?

또한 나면서부터 아는 자는 으뜸이요, 배워서 아는 자는 다음이라 했습니다. 글을 배우는 이유는 많이 알고 훤히 통달하고자 해서일 따름이지요.

세상에는 반드시 하늘이 내린 인재가 있어서 무리 가운데서 뛰어날 것입니다. 장수가 되었다면 암암리에 손자孫子나 오자吳子와 병법이 같았을 터이고, 위정자가 되었다면 일찌감치 관중과 자산의 가르침을 얻었을 터입니다. 비록 그들이 아직 때를 만나지 못했다고 할지라도 나는 여전히 그들을 배운 이라고 말할 것입니다.

지금 그대들은 그리할 수 없으면서도 고대 성현들의 발자취를 스승 삼지도 않고 있습니다. 그러니 이불을 뒤집어쓴 채 누워 있는 것과 같을 따름이지요."

5. 훌륭한 관리는 지혜로워야 한다

사람들은 이웃이나 친척 가운데 잘나가는 사람이 있으면 자제들로 하여금 그들을 흠모하며 배우게 한다. 하지만 옛사람들을 배우게 할 줄 모르니 얼마나 무지한 생각들인가?

세상 사람들은 그저 말 타고 갑옷 입고 긴 창에 강한 활을 들고 메기만 하면 자신도 장수가 될 수 있겠다고 곧잘 말한다. 하지만 하늘의 움직임을 밝게 알고 지세를 분간하여 역경과 순조로운 상황을 재어보면서 흥망성쇠를 통찰하는 오묘한 이치는 알지 못한다.

그저 명령을 받아 아래로 전하며 재물을 쌓고 곡식을 모을 줄만 알면 자신도 재상이 될 수 있겠다고 곧잘 말한다. 하지만 신귀神鬼를 공경하거나 풍속을 고치며 음양을 조절하고 성현을 천거하여 조정에 이르게 하는 도리는 알지 못한다.

그저 사사로이 재물을 취하지 않고 공무를 빨리 처리할 줄만 알면 나도 백성을 다스릴 수가 있겠다고 곧잘 말한다. 하지만 성심을 다해 사회의 모범이 되고 말고삐 잡기를 실끈 다루듯이 해야 비로소 좋은 목민관이 될 수 있다.

어떤 훌륭한 목민관은 바람의 방향을 돌려놓아 불을 끄고, 올빼미를 교화시켜 봉황이 되게 했다. 후한 때 유곤劉昆은 광무제에게 강릉령을 제수받았다. 당시 강릉에 해마다 화재가 났다. 그때마다 유곤이 불을 향해 머리를 조아리자 곧바로 비가 내리고 바람이 그쳤다.

또 후한 구람仇覽은 현에서 포정장蒲亭長으로 선발되었다. 어느 날 어떤 부인이 구람을 찾아와 아들 진원陳元의 불효를 고했다. 구람은 진원의 집으로 찾아가 인륜과 효행을 화복의 이야기에 비유하여 설득하자 마침내 진원이 효자가 되었다. 그리하여 마을에서는 "우리 올빼미를 교화시켜, 날 낳으신 부모님을 먹여 살리게 하였네."라는 속담이 생겼다.

보통 목민관들은 율령을 고수하면서 형벌은 일찍 집행하고 사면을 늦출 줄만 알고서 자신도 공정하게 판결할 수가 있겠다고 곧잘 말한다. 하지만 수레 끌채에 함께 묶어놓고서 죄인을 관찰하거나, 짐짓 말을 꾸며 간사함이 드러나게 하거나, 심문하지 않고서도 정황만을 보아서 살필 줄은 모른다.

어떤 훌륭한 목민관은 칼 한자루의 빌미로 시비를 가리느라 재산의 귀속歸屬을 추적하기도 했다. 패군沛郡에 부유한 아버지가 병이 들어 죽게 되었다. 부인은 이미 죽고, 아들은 나이가 몇 살 되지 않았으며, 딸은 컸으나 어질지 못했다. 아버지가 재산을 모두 딸에게 맡겨주고 "아들의 나이가 열다섯이 되거든 아들에게 재산을 돌려주어라." 라고 했다. 아들에게는 칼 한 자루만 물려주었다. 열다섯이 넘어도 딸이 아들에게 재산을 주려 들지 않자 소송이 벌어졌다.

당시 태수는 추측했다. "딸은 성격이 완강하고 사위는 더욱 탐욕스러우니 그의 아들을 해칠까 두려워 재산을 잠시 맡겼을 뿐이다. 대개 칼이란 끊고 베는 것이며, 나이를 열다섯에 한정한 것은 그 나이가 되면 아들의 지혜로 충분히 현의 관리에게 이를 알릴 수 있겠다고 추측했기 때문이다." 이에 태수는 딸에게서 재산을 모두 빼앗아 아들에게 돌려주었다.

더 나아가서 농민이든 보부상이든, 장인이든 상인이든, 하인이든 노예든, 어부든 백정이든, 목동이든 양치기든 모두 제각각 통달한 선인들이 있을 터이다. 그러니 그들을 사표로 삼아 널리 그들에게서 배움을 구한다면 하는 일마다 이롭지 않음이 없을 것이다.

※ 〈편역자 생각〉

수박 겉핥기로는 수박의 맛을 알 수 없다. 수박은 속을 먹어야 맛을 알 수 있다. 무슨 현상을 보았을 때 핵심을 꿰뚫어 볼 능력이 있어야만 어느 분야의 통달한 전문가라고 할 수 있다.

이치에 통달하지 못하였으면 전문가인 척 나서지 말아야 한다. 실력이 부족한데도 높고 좋은 자리만 탐하는 사람들이 있다. 그런 사람들이 조직이나 나라를 망친다. 그러니 모름지기 한 조직의 책임자가 되려면 통달한 전문가 수준에 이르도록 공부를 깊게 해야 한다.

6. 학문은 실생활을 이롭게 해야 한다

무릇 책을 읽고 학문을 하는 이유는 무엇인가? 마음을 열어주고 눈을 밝혀주어 실천궁행하기에 이롭게 하고자 해서다.

옛사람들은 부모의 마음속을 미리 살펴 그 뜻을 받들었다. 온화한 목소리로 숨을 낮추며 수고로움을 꺼리지 않고 신선하고 부드러운 음식을 드리는 데 힘썼다. 미처 부모를 봉양할 줄 모르던 이라도 옛사람들이 일을 안다면, 두렵고 부끄러워져서 자신도 그렇게 하려고 할 것이다.

옛사람들은 벼슬을 하게 되면, 직분을 지켜 자신의 권한을 넘지 않았다. 위급한 고비를 만나면 목숨을 바치고, 충정 어린 간언을 잊지 않았다. 오로지 국가와 사직을 이롭게 하는 데 힘썼다. 미처 임금을 섬길 줄 몰랐던 사람도 옛사람들이 한 일을 알게 되면, 반성하고 그들을 본받으려 할 것이다.

옛사람들은 검소하게 절약하면서 몸을 낮추어 자신을 기르려 힘썼다. 예의를 가르치는 것을 근본으로 삼으며 공경을 몸의 바탕으로 삼았다. 평소에 교만하고 사치스러운 사람이라도 옛사람들의 모습을 본다면, 소스라쳐 놀라 넋을 잃고서 낯빛을 거두고 방자히 굴려던 뜻을 억제할 것이다.

옛사람들은 의로움을 귀하게 여기고 재물을 가벼이 여기며, 사사로움을 줄이고 욕심을 없애려 했다. 차고 넘치는 것을 꺼리고 미워하며, 궁한 이를 구제하고 부족한 이를 구휼했다. 평소에 비루하고 인색하던 사람도 옛사람들의 모습을 본다면, 낯부끄러워 뉘우치면서 재물이 모이면 베풀 수가 있을 것이다.

옛사람들은 조심하고 자신을 낮추며, 강한 것은 망하고 부드러운 것이 살아남는 이치를 터득했다. 관대하게 남의 결점을 감싸주며, 현자를 존경하고 범인을 포용했다. 평소에는 사나운 사람도 옛사람들의 모습을 본다면, 낙담하고 풀이 죽어 옷의 무게도 이기지 못할 듯이 할 것이다.

옛사람들은 세상일에 연연해하지 않고 운명에 맡겼다. 강건하고 정직하며, 말을 하면 반드시 미덥게 했다. 복록을 구하되 조상의 도를 위배하지 않았다. 평소에 겁이 많고 나약했던 사람도 옛사람들의 모습을 본다면, 불끈 떨치고 일어나 두려워하지 않을 수 있을 것이다.

이 여섯 가지 이외에 온갖 품행이 다 그러하다. 설령 온전히 그대로 할 수 없더라도 큰 흠을 버리고 심한 과오를 버린다면, 배워서 아는 것을 시행함에 통하지 않을 데가 없을 것이다.

오늘날 글을 읽는 사람들은 그저 말만 할 뿐 이를 실천궁행하지 않는다. 그러니 충효로도 이름이 나지 못하고 그의 인의 또한 넉넉해지지 않는 것이다.

더 나아가 송사를 하나 판결하여도 그 조리를 반드시 얻는 것은 아니다. 집이 천 채밖에 되지 않는 작은 고을을 맡고서도 그곳 백성들을 반드시 잘 다스리는 것도 아니다. 그에게 집짓기를 물어도 서까래를 받치는 도리는 가로로 놓고 동자기둥은 세로로 놓는다는 것을 반드시 아는 것도 아니다. 밭농사 일을 물어도 피〔稷〕는 빨리 익고 기장〔黍〕은 더디 익는다는 사실을 반드시 아는 것도 아니다.

오늘날 글을 읽는 사람들은 노래 부르고 농담하고 시나 산문을 음송하는 등 한가로운 일이나 일삼는다. 재주는 더욱 허황되니, 군사든 국가든 대사를 경륜하며 책략을 지은들 시행할 곳이 없다. 그러므로 병사며 관원들에게조차 똑같이 비웃음을 사고 욕을 먹는 것은 참으로 이에 말미암은 것이리라!

7. 배운 사람은 겸손해야 한다

무릇 배우는 것은 그것으로 유익함을 구하려는 것이다. 그러니 언행을 겸손히 해야 한다.

어떤 사람이 수십 권의 책을 읽고는 스스로 숭고하고 위대하다고 여겨 어른을 능멸하고 홀대하거나 동료들을 업신여기고 오만히 대한다면 어떻게 되겠는가. 사람들이 그를 원수나 적과 같이 미워하고, 그를 부엉이나 올빼미와 같이 싫어할 것이다. 나는 실제로 그런 것을 본 적이 있다.

그러니 아무리 많이 배웠다 한들 언행이 겸손하지 않으면 아무 소용이 없다. 이는 배운 것이 오히려 손해를 끼친 것이니 배우지 않은 것만 못하다.

8. 학문은 세상을 이롭게 하고자 한다

옛날 학자는 자신을 위하여 학문을 닦고 이를 바탕으로 자신의 부족함을 보충했다. 그러나 오늘날 학자는 남에게 보이기 위해 학문을 하여 그저 그것을 말하는 것에만 능숙하다.

옛날 학자가 남을 위해 학문을 한 것은 도리를 실천함으로써 세상을 이롭게 하고자 하려는 것이다. 그렇지만 오늘날 학자가 자기를 위해 학문을 하는 것은 몸을 닦아서 그것으로 벼슬을 얻고자 하는 것이다.

무릇 배움이란 나무를 심는 것과 같다. 봄철에는 그 꽃을 즐기고, 가을이면 그 열매를 거둔다. 문장을 강론하는 것은 봄철의 꽃이요, 몸을 닦아 이로움을 실천하는 것은 가을의 열매이다.

9. 늙어 죽을 때까지 공부해야 한다

사람은 어릴 때는 정신이 흐트러지지 않고 예민하다. 그렇지만 나이가 들수록 생각이 흩어져 달아난다. 그러니 참으로 일찌감치 가르쳐 공부할 기회를 놓쳐서는 안된다.

나는 일곱 살 때 〈영광전부靈光殿賦〉를 외웠는데, 오늘날까지 10년에 한 번씩 정리할 뿐이건만 오히려 잊혀지지 않는다. 그러나 스물이 넘어 외운 경서는 한 달만 덮어두어도 그만 다 잊어버리고 만다.

누군가 불우하여 어릴 적에 학문할 기회를 잃어버렸을 수 있다. 그렇지만 늦었다고 자포자기해서는 안 된다. 아무리 늦더라도 배워야 한다.

공자는 "오십에 《주역》을 배우면, 큰 허물이 없을 것이다."고 하셨다. 조조曹操와 원유袁遺는 늙어서도 더욱 열심히 배웠다. 이는 모두가 어려서부터 배우되 늙도록 게을리 하지 않은 좋은 예이다.

조조는 위나라 왕으로서 30여 년간 군대를 이끌고 전쟁터에서 살았다. 그러나 그는 손에서 책을 놓지 않았다. 낮에는 군사 책략을 논하고, 밤에는 경전을 공부했다. 또 좋은 경치를 보면 노래를 짓고 음악에 실어 악장樂章으로 완성시켰다.

원유는 원소袁紹의 종형이며 장안령長安令이었다. 그는 평생 공부를 그치지 않았다. 그래서 조조가 "나이 먹어서도 부지런히 배울 수 있는 이는 오직 나와 원유뿐이다."라고 했다.

증자는 일흔에 비로소 배워서 천하에 자신의 이름을 떨쳤다. 순자는 나이가 쉰이 되어서 처음 유학을 떠났는데도 마침내 대유학자가 되었다. 공손홍公孫弘은 나이 마흔에 비로소 《춘추》를 읽었으나, 이 덕분에 끝내는 승상으로 중용되었다. 주운朱雲 역시 마흔에 처음 《주역》과 《논어》를 읽기 시작하였고, 황보밀皇甫謐은 스물에 처음 《효경》과 《논어》를 배웠다. 그러나 둘 다 큰 유학자가 되었다. 이들은 모두가 어려서는 방황하다가 뒤늦게야 깨달았다.

세상 사람들은 혼례와 관례를 치를 무렵의 젊은 시절까지 배우지 못하면 이미 늙어서 늦었다고 치부하고 공부하기를 포기해버린다. 그러나 그렇게 늦었다고 꾸물거리며 담장만 마주보고 공부를 하지 않는다면 평생 무식을 면치 못한다. 그러니 이 또한 어리석을 따름이다.

어려서 배우는 것은 태양이 솟아오르며 빛을 비추는 것과 같다. 어른이 되어서 배우기를 좋아하는 것은 마치 태양이 중천에서 빛나는 것과 같다. 늙어서 배우는 것은 촛불을 들고 밤길을 가는 것과 같다. 그러나 촛불이라도 있는 것이 눈을 감고 아무 것도 보이지 않는 것보다는 낫다.

10. 공부는 요체를 널리 살펴야 성공한다

학문이 번성하고 쇠퇴함은 세태의 추이에 따른다.

한나라 때는 재능이나 덕행이 빼어난 이들이 모두 저마다 한 가지 경전에 통달했다. 그렇게 해서 성인의 도리를 세상에 넓혀가면서, 위로는 하늘의 때를 밝히고 아래로는 사람의 일을 두루 갖추었다. 이것으로 판서와 정승의 지위에 오른 이들이 많았다.

말세의 풍속이 이미 도래해서 다시는 이와 같지 못했다. 글 쓰는 형식에 치우친 문장학만 헛되이 고수하고 그저 스승의 말이나 암송할 뿐이다. 그러니 세상의 일에 이를 시행하려 해도 거의 한 가지도 쓰일 것이 없다. 사대부의 자제들도 모두가 대강 훑어보는 것을 좋게 여긴다. 한 가지 경전에 깊이 통달한 유생이 되려 하지는 않는다.

양나라 때는 황손 이하 귀족 자제는 어릴 때에 반드시 학교에 입학시키고 그가 지향하고 숭상하는 바를 살폈다. 그러나 그들이 벼슬길에 들어선 후에 문관으로 임용되기만 하면 학업을 마치는 이가 없었다.

관원들 가운데서 학업을 끝까지 하였던 이들로는 하윤何胤, 유헌劉瓛, 명산빈明山賓, 주사周捨, 주이周異, 주홍정周弘正, 하침賀琛, 하혁賀革, 소자정蕭子政, 유도劉縚 등이 있었다. 이들은 문장과 역사서에 아울러 능통하되 그저 강설만을 일삼던 이들은 아니었다.

낙양에서는 최호崔浩, 장위張偉, 유방劉芳의 명성이 자자했다. 업하鄴下에서도 형자재邢子才가 눈에 띄었다. 이 네 명의 유학자는 비록 경학을 좋아하였으나 재능과 박식함으로도 이름을 떨쳤다.

이와 같은 여러 현인들은 최상의 수준이었다. 그들 외에는 대부분 들판의 한가한 사람에 불과했다. 말씨가 비루하고 행실도 저속하여 한갓 고집스럽기만 할 뿐 능히 감당할 만한 일은 없었다. 한 가지를 물어보면 번번이 수백 마디를 대답하지만, 핵심을 물으면 그다지 알맹이가 대답뿐이었다.

업하의 속담에 “박사가 당나귀를 사면 계약서가 석 장인데도 당나귀 ‘려驢’자는 없다.”고 했다. 만약 너희들이 이런 이를 스승으로 삼는다면 사람들로 하여금 어이없게 할 것이다.

공자가 “배우면 봉록은 그 안에 있다.”고 했다. 지금 무익한 일에 힘을 쏟아 붓고 있다면, 이는 제대로 된 공부가 아닐 것이다.

무릇 성인의 책이란 가르침을 베풀려는 것이다. 그러니 선비라면 경문을 통달하고 숙련되며 주석의 의미를 꿰뚫어 언제든 언행에 도움이 되도록 한다면, 사람 구실하는 데 큰 힘이 될 것이다.

그런데 《효경》의 제1장 첫 구절 '중니거仲尼居'에 어찌 굳이 두 쪽에나 걸칠 만큼 주석을 달아 풀이해놓아야 했을까? 중니(공자)가 거처한 곳이 한가로이 거처하던 곳이었든 강습하던 곳이었든 그게 무엇이 그리도 중요한가? 그 논쟁을 해서 설혹 이겼다 한들 언행이나 살아가는 데에 무슨 보탬이 있겠는가?

시간은 아까운 것이어서 흔히 흐르는 물에 비유된다. 마땅히 공부하는 데 요체를 널리 살펴야만 성공할 것이다. 반드시 학문과 성공을 아울러 갖춘다면 흠잡힐 일이 없을 것이다.

11. 편협한 유학자들

세간의 유학자들은 여러 책들을 두루 공부하지는 않는다. 유학 경전인 《논어》 같은 경서만 기본으로 공부한다. 다음으로는 중국 전한 말기부터 후한에 걸쳐서 경서에 대응하여 만들어진 길흉화복 따위의 예언을 적은 위서緯書를 공부한다.

그 외에는 그런 책들의 내용과 관련된 자료를 찾아서 보충해 주는 주석서를 읽을 뿐이다. 그래서 학문을 넓게 알지 못한다. 그러면서도 자기가 모든 학문을 다 안다고 착각하고 다른 사람들을 무시하는 경향이 있다.

내가 처음 업 땅에 들어가서 박릉博陵 사람 최문언崔文彦과 교유했다. 언젠가 《왕찬집王粲集》 가운데서 정현鄭玄의 《상서주尙書注》를 비판하였던 일을 두고 얘기한 적이 있었다.

최문언이 여러 유학자들에게 이 얘기를 옮겨 전하였는데, 입을 떼자마자 어떤 유학자가 곧바로 대놓고 비판했다. "문집에는 시詩, 부賦와 함께 명銘, 뢰誄가 있을 뿐입니다. 문집에서 경서를 논하는 일이 어찌 있을 수 있습니까? 더구나 앞선 유학자 가운데 왕찬이란 사람이 있었다는 말은 듣지 못하였습니다."

최문언은 웃어버리고 그냥 물러나왔다. 끝내 그런 사람에게 《왕찬집》을 보여주지 않았다고 한다.

위수魏收가 의조議曹에 있을 때 여러 박사들과 함께 종묘의 일을 의논하다가 《한서》를 근거로 인용했다. 그러자 박사들이 웃으며 말했다. "역사책인 《한서》가 경학을 논증할 수 있다는 말은 아직 들어보지 못하였군요."

위수가 크게 분노했다. 다시는 아무것도 말하지 않고 《한서》 안에 들어 있는 〈위현성전韋玄成傳〉을 던져주고는 일어나버렸다.

박사들이 밤새 함께 이를 찾아보았다. 그리고 날이 밝자 사죄하러 와서 말했다. "위현성에게 이만한 학문이 있었을 줄이야 짐작조차 못했습니다."

12. 노자와 장자는 세상에 도움이 안 된다

무릇 노자와 장자의 책은 대개 진성眞性을 보전하고 본성을 함양하는 것이 핵심이다. 그러니 외물 때문에 자신에게 누를 끼치려 하지 않는다.

그러므로 노자는 이름을 감추고 조정 관리 노릇도 하였지만, 끝내는 사막으로 들어가 버렸다. 장자는 칠원漆園 지방에서 종적을 감추고 살며 마침내 초나라 재상의 직책을 사양하였으니, 이들은 멋대로 방종하는 무리일 따름이다.

하안何晏은 노자와 장자를 본받아 《도덕론》을 지었다. 또 왕필王弼도 노장老莊을 좋아하여 《주역》과 《노자》를 주석했다. 이런 사람들이 앞장서자 사람들이 번갈아 노자와 장자를 크게 떠받들었다. 그림자가 형체마다 따라붙거나, 풀이 바람에 쏠려 한 곳으로 쓰러지듯 했다. 모두가 신농씨와 황제黃帝의 교화가 제 몸에 있다고 여길 뿐 주공과 공자의 학업은 포기하고 도외시했다. 그러나 하안은 조상曹爽과 같은 패가 되었다가 주살당했다. 권력을 위해 죽는 그물망에 걸려든 것이다.

왕필은 스스로 천재라고 자만심이 강해서 자주 남들을 비웃다가 미움을 받았고 스무 살에 요절했다. 남을 이기기 좋아하는 버릇의 함정에 빠진 것이다.

산도山濤는 재물을 축적하다 남들의 비난을 받았다. 가진 것이 많으면 잃는 것도 많다는 노장의 교훈을 어긴 것이다. 한편 다른 글에서는 산도는 비록 관직이 제후와 맞먹어도 첩이 없었고, 녹봉을 받아도 친지나 옛 벗들에게 나누어줄 정도로 곧고 검약했다고도 한다.

하후현夏侯玄은 재능과 명망 때문에 살육을 당했다. 뒤틀리고 혹이 불거진 것들, 즉 무용지용의 가르침에 비추어보지 못했던 것이다.

순찬荀粲은 부인과 사이가 매우 좋았다. 부인이 죽자 비탄에 빠져 얼마 지나지 않아 죽었다. 장자가 그의 부인이 죽자 동이를 두드리며 노래했던 심정과는 달랐다.

왕연王衍은 사랑하는 아들이 죽자 슬픔을 이기지 못했다. 동문오東門吳의 달관한 경지와 달랐다. 동문오는 아들이 죽었어도 슬퍼하지 않았다. 누가 그 까닭을 묻자 대답했다. "내가 일찍이 아들이 없었는데, 아들이 없을 때는 비통해하지 않았다. 지금은 아들이 죽었으니 아들이 없던 때와 상황이 같아졌을 뿐이니, 내가 어찌 비통해하겠느냐?"

혜강嵇康은 세속의 권력자를 배척하다 모함을 당하는 화를 자초했다. 어찌 도의 광채를 거두어 머금은 채 세속과 함께하고자 하였던 노자의 부류였겠는가.

곽상郭象은 노장을 좋아하여 벼슬길에 나가지 않고 문학을 논하면서 한가로이 거처했다. 그러나 한번 벼슬길에 오르자 권력을 장악하여 안팎으로 사람들을 불에 굽듯이 다그쳤다. 어찌 제 몸을 낮추어 뒤에 두고 자신의 생사를 도외시한 기풍이 있었겠는가.

완적阮籍은 늘 술에 취해 정신이 혼미한 상태로 살았다. 위태로운 길에서 서로가 조심시키라던 일깨움을 어긴 것이다.

사곤謝鯤은 집안 하인이 관청의 볏짚을 훔친 데 연루되어 관직에서 쫓겨났다. 먹고 남을 만한 물고기는 도로 놓아주었던 장자의 무욕을 어긴 것이다.

위에서 예를 든 사람들은 모두 노장을 핵심 사상으로 삼았던 우두머리들이다. 그 아래 속세의 더러움에 속박되고 명리의 아래에 매여서 허우적거리던 이들이야 어찌 일일이 다 거론하겠는가.

그저 그들은 허황된 이치를 좇아서 고상한 담론으로 주인과 손님이 서로 묻고 답하며 마음과 귀를 즐겁게 한 것뿐이었다. 그러니 노장 사상이란 세상을 구제하고 풍속을 바로잡을 요체는 아니었던 것이다.

양나라 때에 이르자 이러한 풍조는 다시금 널리 퍼져서, 《주역》, 《노자》, 《장자》를 아울러 '삼현三玄' 즉 세 가지 그윽한 도라고 일컬었다.

양 무제와 간문제簡文帝는 자신이 직접 노장을 강론하기까지 했다. 주홍정周弘正이 임금을 모시고 삼가 치국의 대도를 아뢰었다. 그러자 교화가 도읍에 행하여지며 배우는 무리들이 천여 명에 이르는 성황을 이루었다.

양 원제元帝는 강릉과 형주에 나가 있을 때, 즐겨 익혀오던 노장사상을 학생들을 불러다놓고 직접 가르치느라 침식조차 잊고 밤을 꼬박 새웠다. 정사를 돌보다 몹시 피곤해지거나 울분이 쌓이면 문득 강론을 하여 스스로 풀곤 했다.

나는 그때마다 곧잘 말석에 참가하여 양 원제의 강론을 직접 들었다. 그러나 내 성품이 진작부터 미련하고 어리석어서 노장 강연을 별로 좋아하지는 않았다. 나는 노자와 장자의 사상은 고상한 이야기로서 마음과 귀를 즐겁게 해주는 효능은 있으나 세상을 다스리는 데는 별 도움은 안 된다고 본다.

13. 효도도 올바르게 해야 한다

북제의 효소제孝昭帝는 누태후婁太后의 병을 간호하느라 낯빛이 초췌해지며 들던 식사량도 줄어들었다. 서지재徐之才가 누태후의 경혈 두 군데에 뜸을 뜨자, 효소제는 주먹을 움켜쥐고 대신 고통스러워하느라 손톱이 손바닥 속으로 파고들어 피가 손 가득 흐르곤 했다.

누태후가 병이 나은 후, 효소제는 얼마 지나지 않아 병에 걸려 붕어하게 되었다. 그때 유언을 겸한 조칙을 내렸는데, 친히 태후의 장례를 치르지 못할 것을 한탄했다.

효소제는 천성이 효성스럽기 짝이 없었다. 그러나 효도로 말미암아 자신이 부모보다 먼저 죽는다면 그것은 오히려 불효가 된다는 것을 그는 몰랐다. 참으로 진정한 효도가 무엇인지 배우지 못해서 벌어진 일이다.

동쪽 이웃집에서 어머니가 죽자, 그의 자식이 곡을 하되 슬퍼하지 않았다. 서쪽 이웃의 자식이 이를 보고 돌아와 그 어머니에게 말했다.

"어머니께서는 어찌 일찍 죽는 것을 애석하게 여기십니까? 제가 반드시 어머니를 위해 슬프게 곡을 하겠습니다." 슬프게 곡을 하기 위해 어머니가 죽었으면 바라는 자식은 어리석다. 마찬가지로 효소제의 효도도 그 방법이 잘못되었다.

효도는 온갖 행실의 으뜸으로 사람이라면 타고난 것이다. 그럼에도 오히려 모름지기 배워서 닦고 다듬어야 올바른 효도가 된다. 그러니 하물며 나머지 일들이야 어찌 배우지 않고 올바르게 처신할 수 있으랴!

14. 양 원제의 면학에서 배우자

양 원제가 언젠가 내게 말했다.

"옛날 회계에 있을 때 나이가 갓 열둘이 되어 이미 공부를 좋아했다. 마침 옴이 올라 주먹을 쥘 수도 없고 무릎을 굽힐 수도 없었다. 출입이 뜸한 서재에 갈포 휘장을 드리워 파리를 막고 혼자 앉았다. 은사발에 달콤한 산음주山陰酒를 채워놓고, 자주 마시며 스스로 통증을 완화시켰다.

일심으로 전념하여 혼자 역사책을 읽으면 하루에 스무 권도 읽었다. 아직 스승에게 가르침을 받지는 못했다. 그러다 보니 간혹 한 글자를 알지 못하거나 한 마디를 이해하지 못하면 스스로 그것을 반복해서 읽고 싫증낼 줄을 몰랐다."

양 원제는 황제의 자식된 존귀한 신분으로서 자질도 뛰어난 분이었다. 그럼에도 오히려 이처럼 부지런히 공부했다. 하물며 서민으로서 스스로 높은 지위에 오르기를 바라는 이라면 어떻게 해야 할까? 공부를 정말로 부지런히 하지 않는다면 도대체 무엇을 이룰 수 있겠는가!

15. 옛사람들의 면학을 본받아야 한다

옛사람은 부지런히 공부했다. 내가 기억나는 것만 사례를 들어본다.

전국시대에 유세가로 유명한 소진蘇秦은 책을 읽다 졸음이 오면 송곳으로 자신의 넓적다리를 찔러 피가 발까지 흘러내렸다.

문당文黨은 아직 배우지 못하였던 때, 다른 사람과 함께 산으로 들어가 나무를 골라서 함께 간 사람에게 말했다. “내가 학문을 구하려고 유학 가려 한다. 내 생각이 옳은지 시험 삼아 나무 위로 도끼를 던져보겠다. 도끼가 나무에 걸리면 유학을 떠날 것이다.” 과연 던진 도끼가 나무 위에 걸렸다. 이에 문당은 장안으로 유학을 가서 공부했다.

손강孫康은 집이 가난하여 등잔을 밝힐 기름을 살 수 없어 눈〔雪〕빛에 책을 비추어 공부했다.

차무자車武子는 집안이 가난하여 기름을 구하지 못하자, 여름철이면 명주자루에 수십 마리 반딧불이〔螢〕를 담아 그 불빛으로 책을 비추어보며 공부했다. 손강과 차무자의 이야기에서 ‘형설지공螢雪之功’이라는 말이 나왔다.

상림常林은 경서를 들고 다니며 김을 매다가 쉴 때면 언제나 읽으며 암송했다.

온서溫舒는 양을 치면서도 부들 잎 쪽지로 책을 엮었다.

내가 직접 본 사람들 중에도 매우 부지런히 열심히 공부해서 성공한 사람들이 있다.

양나라 때 팽성군彭城郡의 유기劉綺는 교주자사交州刺史 유발劉勃의 손자였다. 그러나 어려서 부모를 잃고 집안이 가난하여 등잔을 밝힐 기름을 마련하기 어려웠다. 그래서 늘 물억새를 사다가 잘게 잘라 태워서 밝혀놓고 밤중에도 책을 읽었다. 양 원제가 처음 회계로 나가

막료들을 정선할 때, 유기는 그 재능이 출중하여 국상시國常侍 겸 기실記室이 되어 특별한 예우를 받았다. 마침내 금자광록대부金紫光祿大夫에까지 이르렀다.

의양현義陽縣의 주첨朱詹은 대대로 강릉에 살다가 나중에 양도揚都로 나왔다. 그는 배우기를 좋아하였으나 집안이 가난하고 재산이 없어 며칠 동안 밥을 짓지 못하면 종이를 삼켜서 배를 채웠다. 추워도 덮을 담요가 없으면 개를 껴안은 채 누웠다. 개 또한 굶주려서 음식을 훔쳐 먹으러 자주 나갔다. 나간 개를 부르는 주첨의 애처로운 소리가 이웃에까지 들렸다. 그런 어려운 환경에서도 그는 끝까지 학업을 포기하지 않았다. 마침내 학사가 되고 벼슬이 진남록사참군鎭南錄事參軍에까지 이르러 양 원제에게 예우를 받았다.

동완군東莞郡의 장봉세臧逢世는 스무살 남짓에 반고의 《한서》를 읽고 싶었지만 남에게 책을 빌릴 수 없어 고민했다. 그러다 자형 유원劉緩에게 명함이나 편지의 오려낸 가장자리를 얻어와 《한서》 한 질을 다 손으로 베껴 썼다. 군부軍府의 사람들이 그의 의지에 모두 감복했다. 그는 끝내 《한서》로 유명해지게 되었다.

이런 일들은 보통 사람들은 할 수가 없는 일이다. 이렇게 부지런히 공부한 사람들은 역시 현인이 되었다.

16. 면학했던 환관의 순절은 정승보다 낫다

내가 북제의 황문시랑黃門侍郎의 지위에 있을 때, 전붕란田鵬鸞이란 환관이 있었다. 그는 본래 만족蠻族이었는데, 나이 열너덧에 환관이 되었다. 그는 공부에 재미를 느껴, 책을 끌어안은 채 밤낮없이 읽고 암송했다.

그는 맡은 직급이 아주 낮아 하는 일이 힘들고 괴로웠다. 그럼에도 틈만 나면 사방을 두루 돌면서 묻고 가르침을 청했다. 매번 문림관文林館에 들를 때마다 가쁘게 숨을 몰아쉬면서 땀을 흘리곤 했다. 그는 책에 대해 묻는 것 외엔 다른 말은 할 겨를도 없었다.

그는 옛사람들의 절조와 의리에 관한 일들을 보게 되면 일찍이 감격하여 오랫동안 음미하지 않은 적이 없었다. 나는 그를 매우 좋게 보아 관심을 갖고, 이끌고 격려해주었다. 후일 그는 인정받고 예우를 받아 '경선敬宣'이란 이름도 하사받고 지위도 시중개부侍中開府에 이르렀다.

북제의 후주後主가 청주青州로 달아날 적에, 그를 서쪽으로 내보내 북주 군대의 동태를 살피도록 하였는데, 불행히 북주의 군사에게 붙잡혔다. 군사들이 북제의 군왕이 어디에 있는지 물었다. 그는 속여서 "일찌감치 떠났으니 국경을 벗어났을 것이다."고 대답했다.

북주의 군사가 그의 말을 의심하고 믿지 않았다. 그리고 그가 실토할 때까지 매질했다. 나중에는 사지를 하나씩 잘랐다. 그는 사지가 하나씩 잘릴 때마다 말씨와 안색이 더욱 준엄해졌다. 끝내는 사지가 다 잘려 죽었다.

만족 오랑캐의 아이조차 오히려 배움을 통해 이처럼 충성을 이룰 수가 있었다. 그러나 북제의 장군과 정승들은 만족 오랑캐의 환관만도 못했다. 그들은 북제의 후주를 숙위하던 측근 30여 명이다. 그들은 북주의 진영으로 달아나 모두 북주에 투항했다. 그들 중 한 명은 북제의 후주에게 사람을 보내 적군이 아직 멀리 있다고 속여서, 달아나는 길을 멈추거나 늦추게 하여 후주가 사로잡히게 유도하기까지 했다.

17. 자식의 진정한 도리는 학업에 있다

북주 군대가 북제의 도성인 업성을 함락시키고 나라를 멸망시켰다. 그 다음 북제의 황족과 신하들을 장안으로 압송했다. 이에 북제에서 벼슬하던 우리 집안도 장안으로 끌려갔다.

아들 사노思魯가 언젠가 내게 말했다.

"나라가 망하여, 조정에서 얻는 녹봉과 직위가 없어졌습니다. 또한 집안에 쌓아둔 재물도 없습니다. 이제 제가 마땅히 몸을 움직여 일해 어버이를 부양하려고 합니다. 매번 세금 내기를 재촉받는데 글공부에만 힘쓴다면 자식된 도리가 아니라고 생각합니다. 제 마음이 편치 않으니, 몸을 움직여 일하는 것을 허락해 주십시오."

내가 아들 사노에게 훈계했다.

"자식은 마땅히 봉양하기를 마음가짐으로 삼고, 부모는 마땅히 학문을 가르침으로 삼아야 한다. 설사 네가 학문을 저버리고 재물을 모으는데 힘써 나의 옷과 음식이 풍족하다고 한들 내가 그것을 어찌 맛있게 먹을 수가 있겠으며, 어찌 따뜻하게 입을 수 있겠느냐?

네가 옛 왕들의 법도를 익히는 데 힘써서 대대로 내려온 가업을 이을 수 있으면 좋겠다. 그 편이 비록 명아주와 푸성귀 국을 먹고 거친 풀솜같이 헝클어진 베옷을 입더라도 나는 마음이 편하겠다."

18. 사실을 잘못 아는 학자들이 많다

《서경》에 "묻기를 좋아하면 아는 것이 많아진다."고 했다. 또 《예기》에 "혼자 배워서 친구가 없으면 고루하고 견문이 좁아진다."고 했다. 그러니 모름지기 친구와 더불어 서로 학문을 갈고 닦아, 계발해야 할 것이다.

문을 닫아걸고 책을 읽어서 선입견을 스승 삼아 자기가 옳다고 여기는 사람이 많다. 그러다가 많은 사람들이 널리 앉아 있는 자리에서 오류와 착오를 범하는 경우를 많이 보았다.

《춘추곡량전春秋穀梁傳》에 "공자우公子友가 거라莒拏와 서로 밀치며 싸우자, 좌우의 사람들이 '맹로孟勞로 죽이라!'고 소리쳤다." 했다. 맹로란 노나라 보검의 이름이니 《광아廣雅》에도 보인다.

근래 내가 북제에 있을 때, 강중악姜仲岳이란 이와 이 구절을 논했다. 그는 "맹로란 공자公子의 측근으로 성이 '맹'이고 이름이 '로'니, 힘이 장사라 온 나라에서 보배로 여겼다."고 주장하면서, 나와 끈질기게 다투었다.

그 무렵에 청하군淸河郡의 군수 형치邢峙는 당대의 대학자인데 그가 나를 도와 이를 증명해주었다. 그러고 나서야 강중악은 얼굴을 붉히면서 승복했다.

또 《삼보결록三輔決錄》에 "영제靈帝의 전각 기둥에 '당당하도다, 자장子張이여! 경조인京兆人 전봉田鳳이 그러하리니.'라고 써놓았다." 고 했다. 대개 《논어》를 인용하여 4언으로 대우를 맞추어 경조 사람 전봉을 평가한 것이었다.

어떤 선비가 이를 두고, "당시에 장경조張京兆와 전랑田郞 두 사람이 다 위풍당당했다는 것입니다."라고 했다. 내가 설명해주는 말을 듣자 그는 처음에는 크게 놀랐다. 나중에는 이 때문에 부끄러워하고 뉘우쳤다.

강남의 어떤 세도가가 〈촉도부주蜀都賦注〉를 읽었다. 그런데 그 판본은 오류가 있어서 "준치蹲鴟란 '토란〔芋〕'이다."라고 풀이한 데서 '우芋'자가 그만 '양羊'자로 되어 있었다. 그 세도가에게 어떤 사람이 양고기를 선물했다. 그러자 그가 답장에 "외람되이 토란〔蹲鴟〕을 받았습니다."고 했다. 그 말을 듣고 온 조정이 다 놀랐으나 무슨 말을 하는지 이해하지 못했다. 그러다가 한참이 지나 비로소 이러한 줄 짐작했다.

북위 시기에 낙양에 있을 때 재학을 겸비한 어떤 중신이 새로 《사기음史記音》을 얻었다. 그런데 그 책은 오류가 많아서 '전욱顓頊'이라는 글자에 반절을 잘못 써놓았다. '욱頊'이 '허許'와 '록錄'의 반절이라고 되어야 하는데, '허許'와 '연緣'의 반절로 잘못 적혀 있었다.

그래서 그 중신이 조신들에게 말하기를 "종래에는 '전욱專旭'과 같은 음으로 잘못 읽었으나 '전현專翾'과 같이 읽어야 마땅할 것이다."고 했다. 이 사람이 일찌감치 명성을 떨치고 있었으므로 일제히 그 말을 믿고 따라 읽었다. 그러다가 1년이나 지난 뒤에 다른 대학자가 끈덕지게 연구, 토론하고서야 비로소 그 책이 잘못된 데에서 빚어진 오류였음을 알게 되었다.

《한서》〈왕망전王莽傳 찬贊〉에 "순정치 못한 색깔과 순정치 못한 소리이니 여분의 순정치 못한 지위이다.〔紫色䵷聲 餘分閏位〕"라고 했다. 이는 모두가 왕망이 세운 비정통의 왕조를 형용한 것이다. 가짜가 진짜를 어지럽혔음을 일컬은 말이다.

언젠가 내가 여러 사람들과 책 얘기를 하다가 화제가 왕망의 모습에 이르렀다. 출중한 선비 하나가 스스로 역사학에 정통했노라 자부하였고 명망도 아주 높았다. 그가 "왕망은 올빼미의 눈에 범의 입술을 했을 뿐만 아니라 낯빛은 자주색이고 목소리는 개구리 소리였다."고 했다. 그러나 이는 문장을 잘못 해독한 것이다.

'자색와성紫色䵷聲'에서 '자색紫色'은 왕망의 낯빛이 자주빛이란 뜻이 아니다. 자색은 자줏빛은 색깔이 섞인 간색間色으로서 순정치 못한 색이라는 뜻이다. 또 '와성䵷聲'은 왕망의 목소리가 개구리 소리란 뜻이 아니다. 와성은 개구리가 울어대는 것처럼 시끄러워서 순정치 못한 소리라는 뜻이다. 왕망이 한나라를 찬탈하여 세운 신新나라가 정통이 아님을 그런 식으로 비유하여 표현한 것이다. 비유한 것을 곧이곧대로 받아들이는 건 옳지 않다.

또 《한서》 〈예악지〉에 "태관太官에게 동마주挏馬酒를 주었다."고 했다. 이 구절에 이기李奇는 "마유馬乳로 만든 술로, 위아래로 흔들면〔捶挏〕 만들어진다."고 주석을 달았다.

'충동捶挏' 두 글자는 모두 손수변〔扌〕을 따르며, 여기서 충동이란 세게 부딪치며 위아래로 흔듦을 말한 것이다. 지금도 낙주酪酒를 만들 때는 역시 그렇게 한다.

전번에 왕망에 대해 잘못 알고 우기던 그 학사는, 또 동마주가 오동을 심을〔種桐〕 때에 익는다고 생각하고 그렇게 주장했다. 그러나 이는 '충동捶挏'과 '종동種桐'의 한자가 다름을 구별하지 못한 데서 온 착각이다. 즉 그는 '충동'을 '종동'으로 착각한 것이다.

태산의 양숙羊肅은 학문으로 칭송받았다. 그러나 반악潘岳의 부賦를 읽고 "주 문왕 시절의 약지조弱枝棗"라는 구절에서 '지枝'자를 '지팡이〔杖策〕'라고 할 때의 '장杖'자인 줄 알았다. 또 《세본世本》에 보이는 "황제黃帝의 사관 용성容成이 역사〔歷〕를 서술했다."는 구절에서 '역歷'자를 '디딜방아와 맷돌〔碓磨〕'이라고 할 때의 '마磨'자인 줄 알았다.

사실을 정확히 알지 못하는 학자들의 착각은 이처럼 많다. 읽은 책이 잘못되어 있는 경우도 있고, 학자 자신이 해독을 잘못하는 경우도 있다.

19. 귀동냥한 학문은 잘못된 것이 많다

이야기를 나누고 글을 지을 때 옛날의 사례를 인용하는 경우가 많다. 옛글을 인용하려면 반드시 직접 눈으로 보고 배워야 한다. 남에게 귀로 전해들은 이야기를 믿어서는 안 된다.

강남의 항간에서는 사대부들이 간혹 직접 확인하지 않고서, 길에서 듣고 길에서 흘린 말로 억지로 낱말을 꾸미기를 일삼는다. 보기를 들어보면 다음과 같다.

'저당잡힌다〔徵質〕'는 말을 '주나라와 정나라〔周鄭〕'라고 부른다. 주나라와 정나라가 인질을 맞바꾸었음〔周鄭交質〕을 가리킨다. 주나라는 원래 천자의 나라로서 제후국인 정나라는 그 아래 지위에 해당한다. 하지만 주나라가 힘이 약해지자 주 왕실과 제후국인 정나라 사이에 인질을 맞교환하는 사태가 벌어지게 되었다. 그 사건을 빗대어 '저당잡힌다'는 말을 써야 할 곳에 '주나라와 정나라〔周鄭〕'라는 말을 쓰는데, 품위 있는 표현이 아니다.

'곽란霍亂'을 가리켜 '박륙博陸'이라고 말한다. 곽광霍光은 박륙후博陸侯에 봉해졌다. 박륙博陸은 '크고 고르다'는 뜻으로 곽광이 다스린 땅을 좋게 가리킨 말이다. 곽란霍亂은 설사, 구토, 복통 따위를 수반하는 급성 위장염이다. 그런데 무지한 사람들이 병 이름인 '곽란霍亂'이 곽광霍光에게서 유래된 것이라고 여겨, 이를 '박륙博陸'이라 잘못 부르기 시작했다. 그런데도 이를 아무 생각 없이 그대로 따라 말하는 어리석은 선비들이 있다.

또 밥 먹는 것을 '입에 풀칠한다〔餬口〕'고 말한다. 원래 '입에 풀칠한다'는 표현은 죽이나 미음을 먹을 때를 가리킨다. 죽이나 미음이 풀과 모양이 비슷하기 때문이다. 그런데 요즈음엔 보통 밥을 먹는 것도

'입에 풀칠한다'고 하니 잘못이다.

혼인을 말하면서 '연이宴爾'라고 한다. '연이宴爾'는 원래 버림받고 이혼한 여인이 옛 남편과 다시 결합하기를 바라서 부르는 노래였다. 그런데 지금은 오히려 신혼부부를 경하하는 말로 잘못 쓰고 있다.

이처럼 선비들이 확실치도 않는 말을 서로 옮기고 아무 생각 없이 따라한다. 그 근본을 캐물어보면 그 유래된 본뜻을 알지도 못한다. 그러니 낱말이 번번이 그 적절한 쓰임새를 잃고 만다.

《장자》에 다음 구절이 있다.

"까치는 높은 성 허물어진 담 위로 올라 높은 느릅나무 꼭대기에 둥지를 튼다. 하지만 성이 무너지고 둥지가 부서지면 바람을 타고 날아오른다. 그러므로 군자가 세상에 살 때는 때를 얻으면 개미처럼 순리를 좇지만 때를 잃으면 까치처럼 날아오른다."

이처럼 장자가 말한 까치는 군자를 비유한 말이다. 그래서 사조謝朓는 그의 시에서 "까치가 치솟아 고소대姑蘇臺로 오른다."고 했다. 고소대는 오나라의 왕인 부차夫差가 고소산 위에 쌓은 대로서 그가 월나라를 무찌르고 얻은 미인 서시西施 등 천여 명의 미녀를 데리고 즐기던 곳이다. 사조가 "까치가 치솟아 고소대姑蘇臺로 오른다."고 한 것은 오나라가 망하여 군자가 오나라를 떠났다는 뜻이다.

그런데 나의 친척 가운데 한 사람은 〈칠석〉 시를 지으며 "오늘 밤은 고소대 까치도, 은하를 메우러 같이 가겠다."고 했다. 이는 사조가 말한 까치의 의미를 모르고 보통의 까치처럼 본 것이니 우스꽝스러운 일이다.

〈나부산기羅浮山記〉에 "평평한 지상을 바라보자니 수목이 냉이〔薺〕같다."고 했다. 대고戴暠는 시에 "장안의 수목이 냉이〔薺〕같구나."라고 읊었다. 산자락이 거대한 수목들로 에워싸여 있어 멀리 바라보자면 마치 냉이〔薺菜〕가 땅에 자란 것 같다고 한 것이다.

그런데 업하의 어떤 사람은 〈영수詠樹〉 시에 읊기를 "멀리 장안의 냉이〔薺〕가 바라보이는구나."라고 했다. 앞의 글에서 '냉이'는 비유로 썼는데 뒷글에서는 '냉이'를 실제 사물로 바꾸어버렸다.

또 언젠가는 선비들이 "우쭐거리며 거만하다〔矜誕〕"고 말해야 할 것을 '과비夸毗'라고 말해버리는 경우를 보았다. '과비夸毗'란 몸을 굽실거린다는 뜻이니 '긍탄矜誕'과는 뜻이 정반대되는 말이다.

또 "연세가 높으시다〔高年〕"고 일러드려야 할 것을 "앞으로 누리실 해가 창창하시다〔富有春秋〕"라고 이르는 이도 보았다. 서로 말이 안 맞는다.

이런 모든 것들은 선비들이 단어의 근원을 정확히 알지 못하면서 사용하기 때문이다. 단어를 귀로 전해 듣고 적당히 안 데서 비롯된 과오이다.

20. 《설문해자說文解字》 같은 문자학은 중요하다

무릇 문자라 하는 것은 갖가지 고대 전적의 근본이다. 세상의 배우는 무리들은 대부분 문자에 밝지 못하다.

오경을 읽는 사람들은 《오경음훈五經音訓》을 편찬한 서막徐邈을 옳게 여긴다. 그러나 《옥편》과 같은 한자 사전의 효시가 되는 《설문해자》를 지은 허신許愼을 그르다 한다.

부賦를 익히고 암송하는 사람들은 《백부음百賦音》 10권을 편찬한 저전지褚詮之는 신임한다. 그러나 《자림字林》 7권을 지은 여침呂忱은 홀대한다.

《사기》를 밝히는 사람들은 《사기음의史記音義》 12권을 편찬한 서광徐廣과 《사기음史記音》 3권을 편찬한 추탄생鄒誕生의 독음 풀이에만 전념한다. 하지만 한자를 알려면 태사太史 주籒가 지은 《대전大篆》을 먼저 공부해야 한다. 대전으로 문자를 통일하기 위해 이사李斯는 《창힐편蒼頡篇》을 지었다. 또 중거부령中車府令 조고趙高는 《원력편爰歷篇》을 지었다. 그리고 태사령太史令 호무경胡毋敬은 《박학편博學篇》을 지어서 소전小篆을 만들어냈다. 이런 책들을 읽어야 한자의 역사를 알게 된다.

《한서》를 배우는 사람들은 《한서집해음의漢書集解音義》를 편찬한 응소應劭와 훈역訓釋한 소림蘇林만 반가워한다. 그러나 《삼창三蒼》과 '이아二雅'는 건너뛰어 버린다. 《삼창》은 《창힐편》, 양웅揚雄이 지은 《훈찬편訓纂篇》, 가방賈魴이 지은 《방희편滂喜篇》을 합쳐서 부르는 이름이다. 곽박郭璞이 《삼창》을 주석했다. '이아'는 장읍張揖이 편찬한 《광아廣雅》와 공부孔鮒가 편찬한 《소이아小爾雅》를 가리킨다.

글자의 독음이란 문자학의 지엽에 불과한 것이다. 문자학을 다루는 소학小學이야말로 모든 학문의 근간이다. 그러나 사람들은 그 매우 중요한 사실을 알지 못한다.

사람들은 복건이나 장읍의 독음이나 풀이를 보게 되면 이를 귀하게 여긴다. 그러면서도 정작 복건이 쓴 《통속문通俗文》이나 장읍이 쓴 《광아》는 얻어도 이를 돌아보지도 않는다. 같은 사람의 손에서 나왔지만 선비들이 좋아하고 싫어함이 이와 같은데 시대를 달리하는 다른 사람에게서 나온 것은 어떠하겠는가! 오늘날 선비들은 문자학이 모든 학문의 근본임을 알지 못한다. 큰 잘못이다.

21. 문자를 잘못 쓰는 사람들이 많다

무릇 학자는 견문을 넓힐 수 있는 능력을 귀하게 여긴다. 그래서 지역이나 산천, 관직이나 씨족, 의복이나 음식, 기물이나 제도 등 모든 방면에서 그 내력을 탐구하여 근본을 캐내고자 애쓴다.

그러면서도 이상하게 문자에 대해서는 소홀히 다루고 주의를 기울이지 않는다. 그래서 제 자신의 성씨나 이름까지도 더러 잘못 쓰는 이가 많다. 설령 잘못 쓰지는 않는다고 하더라도 그 유래를 모르는 사람들이 태반이다.

근래 들어 어떤 아버지가 자식들 이름을 지으면서 모두 '뫼산변〔山〕'으로 이름자를 지었다. 그런데 어떤 자식은 '치峙'자로 이름을 지었다. 《설문해자》에는 '跱(머뭇거릴 치)'는 있으나 '峙(우뚝솟을 치)'자는 없다. 후세 사람들이 '止' 부수의 글자를 '山' 부수로 잘못 안 것이다.

형제들 모두 '손수변〔扌〕'으로 이름을 짓는데, '기機'자로 이름을 짓는 이도 있다. 요즘 사람들이 '기機'자를 '기機'자로 잘못 쓰면서 '손수변〔扌〕'으로 착각하는 것이다.

형제를 모두 '물수변〔氵〕'으로 이름을 짓는데, '응凝'자로 이름을 짓는 이도 있다. 요즘 사람들이 '응凝'자를 '응凝'자로 잘못 쓰면서 '물수변〔氵〕'으로 착각하는 것이다.

저명한 유학자와 석학들도 이러한 예가 드물지 않다. 어떤 사람이 자신의 이름에 쓰인 글자의 뜻과 소리가 조화롭지 못함을 알게 된다고 하자. 그러면 그 이름을 지어준 아버지가 얼마나 우습게 보이겠는가?

22. 지명 고증의 보기 – 엽려獵閭와 항구亢仇

내가 언젠가 병주幷州로 행차하던 북제의 문선제文宣帝를 수행하여 정형관井陘關으로부터 상애현上艾縣으로 올라갔다. 그 동쪽으로 수십 리 떨어진 곳에 '엽려촌獵閭村'이 있었다. 나중에 여러 관리들이 진양 동쪽 백여 리에 떨어져 있던 '항구성亢仇城' 옆에서 말먹이를 보급받았다.

이 두 곳이 본래 어떤 땅인지 아무도 몰랐다. 고금을 통해 널리 유래를 찾아보았으나 모두들 알지 못했다.

마침내 나는 《자림字林》과 《운집韻集》을 검토해보았다. 그제야 '엽려'는 옛적의 엽여취鑞餘聚였으며, '항구'는 옛적의 만구정䙔㐇亭으로 모두 상애현上艾縣에 속한다는 사실을 알게 되었다.

때마침 박물군자博物君子로 일컬어지던, 태원太原의 저명한 학자 왕소王劭가 《향읍기주鄕邑記注》를 편찬하고자 했다. 내가 이 두 지방의 이름을 그에게 들려주었더니 크게 기뻐했다. 이처럼 문자 고증은 소중한 일이다.

23. 문자 고증의 보기 – 회蚘

내가 처음 《장자》에서 "회蚘라는 짐승은 머리가 둘이다.〔蚘二首〕"는 구절을 읽었다. 《한비자》에서도 "짐승 중에 '회'라는 것이 있는데 몸뚱이는 하나에 입이 둘이어서 먹을 것을 두고 다투다가 서로 깨물어서 마침내 서로를 죽이고 만다."고 했다.

'회蚘'라는 글자가 어떤 음으로 읽히는지 나는 알지 못했다. 사람을 만날 때마다 물어보아도 아는 사람이 없었다.

《이소》 같은 여러 서적을 살펴보았다. 누에번데기〔蠶蛹〕를 '회'라고 불렀다고는 하는데, 이 벌레는 두 개의 머리나 두 개의 입이 있어 탐욕을 부리다 자신을 해칠 벌레는 아니었다.

나중에 《고금자고古今字詁》를 보게 되었다. 이 글자는 바로 '살무사 훼虺'자의 옛 글자였다. 몇 년 동안 쌓였던 응어리가 안개 걷히듯 환히 풀렸다.

24. 지명 고증의 보기 – 백洦

언젠가 조주趙州를 유람하다가 백인성柏人城의 북쪽에 흐르는 작은 강 하나를 보았다. 그곳의 토착민들조차 그 강의 이름을 몰랐다.

나중에 성의 서문에 있던 서정徐整의 비석을 읽어보니 "백洦이 흘러 동으로 향한다."라고 했다. 그런데 사람들이 다 이 구절의 뜻을 알지 못했다.

나는 《설문해자》를 살펴보았다. 이 '백洦'이라는 글자는 옛적의 '백魄'자이고, '洦'이란 물이 얕은 모양이라고 풀이되어 있었다. 이 강이 한나라 이후 본래 이름이 없어서 그저 그 얕게 흐르는 모양을 두고 '洦'을 이름으로 삼았을 것이다.

25. 어휘 고증의 보기 – 물물勿勿

세간에서는 편지 끝에다 곧잘 '물물勿勿'이라고 적는다. 그런데 그렇게 쓰면서도 그 유래는 알지 못한다. 더러는 터무니없게도 이것이 '홀홀忽忽'과 같은 글자인데 획을 갖추지 않았을 뿐이라고 말하는 이들도 있다.

내가 《설문해자》를 살펴보니 다음과 같이 설명했다.

"물勿이란 향촌에서 세우는 기이다. 깃대의 자루와 깃발의 세 가닥 술을 상징한 글자 모양이다. 이 깃발로 백성들의 일을 재촉했을 것이다. 까닭에, 다급하면 '물물勿勿'이라고 일컬은 것이다."

비로소 의문이 풀렸다. '물물勿勿'은 원래 다급함을 나타낸 단어이다. 그래서 편지 쓰다가 다급하여 더 자세히 적지 않고 '물물勿勿'이라고만 적고 끝낸 것이다. '바빠서 이만' 이란 뜻이다.

26. 방언 고증의 보기 – 두핍豆逼

내가 익주益州에 있을 때, 여러 사람들과 함께 앉아 있었다. 하늘이 막 개이고 햇빛이 환하게 비치자, 땅위에서 빛나는 작은 것들이 보였다. 곁에 있던 사람들에게 "이것이 대체 무엇이냐?"고 물었다.

촉현蜀縣의 어린 종 하나가 가서 보고는 "이것은 두핍豆逼입니다."고 대답했다. 사람들은 서로들 돌아보며 놀랄 뿐 어린 종이 무엇을 말하는지 알지 못했다. 내가 그것을 가져와보라고 시켰더니 바로 알이 붉은 팥이었다.

촉 지방의 선비에게 '핍逼'이 무엇을 가리키는지 물었더니 '낟알〔粒〕'을 그렇게 부른다고 했다. 그러나 당시 아무도 그 말을 이해하지 못했다.

이에 내가 사람들에게 일러주었다.

"《삼창三蒼》과 《설문해자》에서 이 글자는 '白'자 밑에 '匕'자로 써서 '급皀'이라고 되어 있어요. 모두 그 뜻을 '낟알〔粒〕'이라고 풀이하고 있지요. 《통속문》에서는 그 독음을 '방方과 력力의 반절'이라고 소개하고 있소이다."

모든 사람들이 다들 '벽'자를 그곳 사람들이 사투리로 '핍'이라고 말한 것인 줄을 깨닫고 즐거워했다.

27. 새 이름 고증 – 갈鶡새

둘째 아들 민초愍楚의 동서 두여동竇如同이 하주河州에서 오면서 푸른빛이 나는 새 한 마리를 얻었다. 그 새를 길들여 기르며 애지중지 했다. 모든 사람들이 그 새를 '갈鶡새'라고 불렀다.

내가 그 새에 대해 사람들에게 가르쳐 주었다.

"갈새는 상당군上黨郡에서 나는데, 내가 이미 여러 번 본 적이 있다. 황색과 흑색만 섞여 있을 뿐 다른 색은 섞여 있지 않았다. 그래서 진사왕 조식은 〈갈부鶡賦〉에서 '검누런 날개로 세차게 날아오른다.'고 이 새를 노래했다. 푸른빛이 나는 이 새는 갈새가 아니다.

《설문해자》에서는 '개작鳻雀은 갈새같이 생겼으나 청색이며 강羌 땅에서 난다.'고 했다. 또 《운집》에서는 그 독음이 '개介'로 읽힌다고 했다. 그가 아끼는 새는 '갈새'가 아니라 '개작'인 것이다."

내 말에 사람들의 의문이 불현듯 풀려버렸다.

28. 고증하지 않은 오류

양나라 때에 채랑蔡朗이라는 사람이 있어 '순純'이라는 아버지의 이름자를 피휘했다. 그런데 진작에 제대로 배우지를 못하여, 물속에서 자라는 '순채蓴菜'인 아욱을 '노규露葵'라고 잘못 불렀다. 그런데 무식한 사람들이 서로 그렇게 말했다.

양나라 원제가 사대부 한 명을 사신으로 보내어 북제를 방문케 했다. 북제의 주객랑主客郎 이서李恕가 양나라 사신에게 강남에 노규가 있느냐고 물었다. 사신이 대답하기를 "노규는 순채〔蓴〕이니 물가에 있는 마을에서 납니다. 당신이 지금 드시고 계신 것은 푸른 아욱〔綠葵菜〕일 따름이지요."라고 말했다. 사신이 잘못 알고 답한 것이다.

이서도 학문을 갖춘 사람인데도 상대방의 깊이를 가늠할 수 없어,

이 말을 듣고도 사실을 따져 묻지 못했다. 이처럼 잘못된 말이 혼동되어 쓰이고 있다.

29. 발음이 같은 글자도 알아야 한다.

큰아들 사노思魯 등의 이모부인 팽성彭城의 유령劉靈이 일찍이 나와 함께 앉아 있었다. 여러 아들이 모시고 있었다.

내가 유행儒行과 민행敏行에게 "무릇 너희 부친 자의참군諮議參軍의 이름자〔靈〕와 발음이 같은 글자를 대개 헤아린다면 얼마나 되는지 아느냐?"고 물었다. 그러자 그들은 "아직 깊이 생각해본 적이 없습니다. 가르쳐주십시오."라고 대답했다.

내가 그들에게 "이러한 예를 미리 연구하고 검토해두지 않으면 남들 앞에서 창피를 당할 수도 있다. 또 행여 남들에게 잘못 물었다가는 도리어 막돼먹은 사람들에게 속게 될 터이다. 그러니 쉽게 다룰 일이 아니다."고 알려주었다. 그리고 그들을 위해 '령靈'자와 발음이 같은 글자 50여 자를 예로 들어주었다.

유령劉靈의 가족이 "이렇게 많을 줄은 미처 몰랐습니다!"고 감탄했다. 만약 그들이 끝내 알지 못하였더라면 그 또한 이상한 일이었을 것이다.

30. 교정은 박학다식해야 할 수 있다

서적을 교정하는 일은 책에서 틀린 것을 고치는 일이다. 그 일이 어찌 쉬운 일이겠는가? 한나라 때 양웅揚雄과 유향劉向으로부터 비로소 이런 일을 감당할 수 있었다.

천하의 책을 살펴보되 아직 두루 섭렵하지 못했다면, 함부로 글을 교정하거나 방점을 찍어서는 안 된다. 혹 저쪽에서 그르다 한 것이 이쪽에서 옳다고 여겨지기도 한다. 또 혹 근본 내용은 같으면서 그 지엽적인 표현만 달라지기도 한다. 또 혹 양쪽의 글이 모두 다 결함을 갖기도 한다.

그러니 편벽되이 한쪽 측면만을 믿어서는 안 될 것이다. 문자학을 배우고 온갖 문헌을 두루 섭렵하여 최고 학자가 되지 못했다면 함부로 교정을 해서는 안 된다.

제9편 문학은 선비의 기본 공부이다

1. 문학은 소중하나 경박하기 쉽다

문장은 그 근원이 5경에서 나왔다. 조詔·명命·책策·격檄 등의 문장은 《서경》에서 나왔다. 서序·술述·론論·의議 등의 문장은 《역경》에서 나왔다. 가歌·영詠·부賦·송頌 등의 문장은 《시경》에서 나왔다. 제祭·사祀·애哀·뢰誄 등의 문장은 《예기》에서 나왔다. 서書·주奏·잠箴·명銘 등의 문장은 《춘추》에서 나왔다.

문장은 베풀어 쓸 데가 매우 많다. 조정의 헌장憲章과 군대의 명령서, 인의를 펼쳐 드러내고 공덕을 찾아내어 밝히는 일, 백성을 다스리고 나라를 세우는 일 등 안 쓰이는 곳이 없다.

문장은 성품과 영혼을 도야하고 조용히 풍자하고 간언하는 데도 쓰인다. 그 오묘한 재미에 빠져드는 것 또한 즐거운 일이다. 그러니 정치를 행하고 남은 힘이 있으면 문장을 익혀볼 만하다.

하지만 예로부터 문인들은 경박함에 빠진 이들이 많았다.

초나라의 굴원은 〈이소〉를 지어 재주를 드러내어 자신을 높이고 임금의 잘못을 폭로했다.

초나라의 송옥宋玉은 용모가 고와서 광대 취급을 받았다. 대부인 등도자登徒子가 초왕에게 "송옥은 용모가 곱상하고 은미한 말을 잘하며 천성이 호색하니, 왕께서는 그를 후궁에 출입시키지 마십시오."라고 간언했다.

한나라 동방삭東方朔은 골계가 점잖지 못했다. 한나라 무제는 동방

삭의 재치 있는 골계를 좋아하였으나, 그를 자신에게 웃음을 주는 광대로만 여겼다.

서한의 사마상여는 재물을 훔치고 지조가 없었다. 가난했던 사마상여는 부자 탁문군卓文君이 과부가 된 것을 알고, 그녀를 유혹하여 부자가 되었다.

한나라 왕포王褒는 〈동약僮約〉에 그의 잘못이 드러났다. 왕포가 스스로 과부 양혜楊惠의 집에 갔다고 고백했다.

한나라 양웅揚雄은 도리에 어긋나게 전한을 찬탈한 왕망의 신나라를 찬미했다. 양웅은 진나라의 횡포함을 비판하고 신나라의 훌륭함을 찬미했다.

한나라 장군 이릉李陵은 오랑캐에게 항복하여 치욕을 당했다. 이릉은 명장이었지만 5천의 작은 군사로 8만의 선우에게 포위당하여 중과부적으로 싸우다가 마침내 항복했다.

한나라 유흠劉歆은 왕망의 세상에서 갈팡질팡했다. 유흠은 왕망과 친분이 있었으므로 왕망이 전한을 찬탈하여 신나라를 세울 때 도왔다. 그러나 왕망이 자기 셋째아들을 죽이자 모반을 꾀하다가 발각되어 자결했다.

후한의 전의傅毅는 권력자인 두헌竇憲에게 영합했다. 두헌은 후한 3대 황제 장제章帝의 황후인 두태후의 오빠이다. 4대 황제 화제和帝가 즉위하자 여동생과 정권을 휘둘렀다. 화제를 죽이려다 발각되어 자살했다.

후한의 반고班固는 부친이 쓴 역사를 훔쳤다. 아버지 반표班彪가 역사책을 쓰고 있었다. 누군가가 글을 올려 아들 반고班固가 몰래 국사를 고쳐 쓴다고 밀고했다. 그것을 말한 것이다. 하지만 나중에 누명을 벗었고 《사기》를 완성했다.

후한의 조일趙壹은 지나치게 뻣뻣했다. 조일은 재주를 믿고 오만하여 여러 차례 죄를 지어 걸렸지만 구해주는 이가 있어 처벌을 면했다. 벼슬자리에 천거되었는데, 상관을 만나서도 절도 하지 않고 길게 읍揖만 했다.

후한의 풍연馮衍은 글에 내용은 없고 겉만 화려하다고 배척당했다. 명제明帝가 즉위하자 풍연의 글이 실질을 넘어선다고 흉을 보는 사람들이 많아, 풍연은 집에 갇혀 살다시피 하다가 죽었다.

후한의 마융馬融은 아첨하다가 비난을 받았다. 마융은 재주가 높고 박식하였으나 감히 세도가들을 거스르지 못하고 아부하는 글을 지었다. 이로 인해 정직한 사람들의 수치가 되었다.

후한의 채옹蔡邕은 악당들에게 동조하다가 죽임을 당했다. 채옹은 동탁董卓 밑에서 벼슬을 했다. 동탁이 주살될 때 채옹은 사도司徒 왕충王允과 함께 있었는데, 탄식하며 낯빛에 동요가 있었다. 왕윤은 채옹을 꾸짖고서 관리에게 죄를 다스리게 하니, 채옹이 옥중에서 죽었다.

위나라의 오질吳質은 위세를 믿고 함부로 굴어 고향 사람들에게 불만을 샀다. 그래서 선비의 이름을 더럽혔다.

위나라 조조의 아들 조식은 행패를 부리며 법을 어겼다. 조식은 글을 잘 지어 아버지 조조가 특히 총애했다. 그의 형이 문제文帝로 즉위하자, 조식이 술에 취해 행패를 부리며 사자를 겁박했다고 고발한 관리가 있었다. 문제는 조식을 작위만 낮추고 말았다.

후한의 두독杜篤은 끊임없이 청탁을 했다. 두독은 박학하였지만 사소한 예절 따위는 지키지 않아 고향 사람들에게 예우받지 못했다. 현령에게 자주 청탁하며 원망하자 현령이 괘씸하게 여겨 두독을 잡아들여 서울로 압송했다.

위나라 노수路粹는 속이 몹시 좁았다. 노수는 화를 잘 내고 사나웠다. 공융의 죄를 조목조목 따져서 공융을 죽게 만들었다.

진림陳琳은 본래 거칠고 무식하기로 이름이 났다.

번흠繁欽은 천성적으로 절제할 줄을 몰랐다.

위나라 유정劉楨은 고집불통이라 징역을 살았다. 위나라 태자가 잔치를 벌이다가, 부인 견씨를 불러내어 인사하게 하자, 좌중의 여러 사람들은 다 엎드렸다. 하지만 유정만은 고개를 들고 빤히 쳐다보았다. 위왕 조조가 유정을 잡아들여 징역형에 처했다.

위나라 왕찬王粲은 시중侍中에 올랐지만 경솔하고 성급하여 미움을 받았다.

위나라 공융孔融은 허풍과 오만으로 명을 재촉했다. 공융은 위왕 조조의 야심과 간사한 속임수가 점차 드러나는 것을 보고서 갈수록 견딜 수가 없어졌다. 그래서 내뱉는 말이 몹시 비딱하고 거스르는 일이 많았다. 노수가 공융의 죄를 조목조목 따져서 마침내 공융을 죽였다.

위나라 예형禰衡은 젊어서 말재주가 있었고 기질은 강하고 오만했다. 시속을 거스르며 만물에 대해 도도함을 즐겨 오직 공융하고만 가까웠다. 예형은 평소에 조조를 경시하였으므로, 조조가 그를 유표에게 보내버렸다. 뒤에 예형이 또 유표에게 오만하게 굴자, 유표는 예형을 황조에게 보냈다. 황조 앞에서도 예형의 말이 불손했다. 황조가 노하여 매질하려고 하자, 예형이 황조에게 욕했다. 황조가 마침내 그를 죽여버렸다.

위나라 양수楊修와 정이丁廙는 조식을 부추기다가 죽임을 당했다. 위왕 조조의 아들 조식은 재주가 남다른데다 양수와 정이 등이 측근이 되어 태자가 될 뻔했다. 문제가 계략으로 그것을 막아내어 마침내 후계자가 되었다. 조조는 양수가 재주와 책략이 있다고 보아 그의 죄를 물어 죽였다. 문제가 즉위하자 정이도 죽였다.

진晉나라 완적阮籍은 무례하여 풍속을 문란케 했다. 완적은 어머니가 돌아가셨을 때도 두던 바둑을 멈추지 않았다. 조문객들 앞에서도 두 다리를 뻗고 앉아 술에 취해 그를 똑바로 쳐다보았다. 완적은 멋대로 방탕하여 예를 해치고 풍속을 문란하게 한다는 비판을 받았다.

위나라 혜강嵇康은 남들을 업신여기다가 흉하게 죽었다. 혜강은 죽림칠현竹林七賢의 한 사람으로서 부정을 용서하지 않는 성격과 노장을 숭상하며 반유교적 사상으로 당시 권력층의 미움을 받았다. 결국 권력자 사마소에게 살해당했다.

진나라 부현傅玄은 화내고 싸우다가 벼슬을 그만두었다. 진나라 무제 아래에서 부현은 황보도皇甫陶가 함께 간언 다루는 일을 맡았다. 그러나 서로 마찰이 생기면서 시끄럽게 말다툼을 했다. 결국 이 일로 관직을 그만두게 되었다.

진나라 손초孫楚는 뻐기고 오만하여 윗사람을 능멸했다. 손초는 자신의 재주에 자부심을 갖고서 장군 석포石苞를 업신여기고 얕잡아보았다. 결국 서로 싫어하여 틈이 벌어지게 되었다.

진나라 육기陸機는 순리를 범하고서 위험한 길을 갔다. 왕위를 찬탈하려는 권세가들과 가까이하다가 결국 죽임을 당했다.

진나라 반악潘岳은 거저먹으려다 위험을 초래했다. 반악은 성격이 경솔하였고 세상의 이익을 좇았다. 그의 어머니가 "너는 마땅히 만족할 줄 알아야 하는데, 끊임없이 남의 재물이나 거저 빼앗고 있구나!"라고 자주 그를 꾸짖었다. 하지만 반악은 끝내 고치지 못했다. 반악이 손수孫秀를 미워하고 괴롭혔다. 나중에 손수가 출세하여 반악을 모함하여 죽였다.

남조의 안연지顔延之는 호기를 부리다가 쫓겨났다. 그는 읽지 않은 책이 없었고 문장은 당대 최고였다. 그러나 함부로 허튼소리를 잘해 남들에게 받아들여지지 못했다.

남조의 사영운謝靈運은 허황한 행동으로 기강을 어지럽혔다. 그는 송나라가 건국하면서 작위가 강등되자 울분을 품고 직무를 게을리하면서 방탕하게 행동하였다. 위에서 문책하려 하자 반기를 들고 달아났다. 결국 관군에게 토벌되어 유배되었다. 유배지에서도 반란을 꾀하다가 결국 죽임을 당했다.

남조의 왕융王融은 흉한 죽음을 스스로 초래했다. 왕융은 문장이 민첩하고 빨라 경릉왕竟陵王 소자량蕭子良이 총애했다. 진나라 무제가 병이 위독해져 잠시 혼절한 사이에 왕융은 조서를 고쳐 소자량을 옹립하고자 했다. 무제가 다시 깨어나 모든 일을 서창후西昌侯 란鸞에게 맡기고 곧바로 붕어했다. 서창후가 소식을 듣고서 궁궐에 들어가 태손太孫 울림鬱林을 받들어 왕위에 오르게 했다. 울림은 즉위하자마자 왕융을 잡아들여 죽였다.

사조謝脁는 남을 업신여기다가 죽임을 당했다. 사조는 왕위를 찬탈하려는 권세가들과 가까이했다. 어떤 사람을 업신여겼다가 그 사람의 음해로 결국은 죽임을 당했다.

위에서 보기로 든 사람들은 문인들 중에서 두드러지게 경박한 사람들이다. 모두 다 열거하자면 이루 다 기록할 수가 없다.

제왕들 중에도 간혹 이러한 결함에서 벗어나지 못하는 경우가 있다. 예로부터 천자로서 뛰어난 문학적 재능을 가진 이로는 한나라의 무제, 위나라의 태조인 조조·문제, 명제, 송나라의 효무제뿐이었다. 이들 모두 세상의 평판에 아랑곳하지 않았으니 훌륭한 덕을 지닌 임금은 아니었다.

그밖에 자유, 자하, 순자, 맹자, 매승枚乘, 가의賈誼, 소무蘇武, 장형張衡, 좌사左思 등과 같이 간혹 이름을 날리고도 재앙을 면한 이들이 있었다. 그렇긴 하지만 문장이 뛰어난 문인들은 결함 있는 사람들이 대부분이었다.

일찍이 나는 이에 대해 그렇게 되어온 근원을 생각해보았다. 문장은 본디 감흥을 높이 들어 내세우고, 성품과 영혼을 끄집어내어서 뻐기고 자랑하게 만드는 것이다. 그러므로 지조 지키기에 소홀하고 감정이 앞서 나가는 일에 과감하다.

오늘날 문사들도 그런 지나친 모습을 보이는 경우가 많다. 한 가지 표현이 딱 맞아떨어지고 한 구절이 청신하고 교묘하면, 정신은 구천을 날아오르고 뜻은 천년 세월을 내달리며 의기양양해진다. 그래서 스스로 읊고 찬탄하면서 옆에 누가 있는지도 몰라 안하무인하고 오만방자하기 쉽다.

모래나 조약돌에 맞은 상처가 창에 찔린 것보다 더 아프다. 풍자로 인한 재앙이 바람에 날리는 티끌보다도 더 빨리 닥친다. 모름지기 문장가들은 붓끝을 각별히 조심해서 큰 복을 지켜나가야 할 것이다.

2. 글재주는 타고 난다

학문에는 예리한 사람과 우둔한 사람이 있다. 문장에는 교묘한 사람과 졸렬한 사람이 있다. 학문에 우둔한 사람도 노력해나가면 원숙하고 정통해지는 데 큰 문제가 없다. 하지만 문장이 졸렬한 사람은 아무리 생각을 짜내어보아도 결국은 형편없는 글이 되고 만다.

배운 사람만 되어도 괜찮은 사람으로서 자족할 수 있다. 그러니 문장에 천부적 재능이 없는 것이 확실하다면 억지로 글을 쓰려 해서는 안 된다. 내가 세상 사람들을 보니, 글재주가 없는데도 스스로 문학적 재능을 가졌다고 착각하여 치졸한 글을 써내는 이들이 많다. 강남에서는 이들을 '영치부詅癡符'라 부르는데, '어리석은 글을 파는 패'라는 뜻이다.

근래 병주의 선비 한 사람이 가소로운 시부詩賦를 지어 형소邢邵나 위수魏收 같은 대문장가를 희롱했다. 그런데 사람들이 함께 조롱하며 거짓말로 칭찬을 해주었다. 그는 기분이 좋아, 소를 잡고 술을 마련해 명망 있는 사람들을 초대했다.

그의 부인은 문장을 볼 줄 아는 여자여서 눈물을 흘리며 그에게 그러지 말라고 충고했다. 그랬더니 그 사람은 탄식을 하면서 "재주가 아내에게도 인정받지 못하는데, 더구나 다른 사람에게는 어떠하겠는가!"라 하고서, 죽을 때까지 깨닫지 못했다. 자신을 아는 것을 일컬어 현명하다고 하는데, 이는 참으로 어려운 일이다.

3. 퇴고推敲가 중요하다

글 한 편을 쓰고 나서 먼저 친구와 상의하여 그의 평과 의견을 듣고서 발표해도 좋은지 판단하는 것이 좋다. 그런 다음에 더 다듬어서 내놓는 것이 바람직하다. 부디 자신의 생각만 믿고 마음대로 하다가 남의 비웃음을 당하지 않도록 하라.

예로부터 붓을 잡고 글 쓴 사람들을 어찌 이루 다 헤아릴 수 있겠는가. 그렇지만 뛰어나고 멋진 작품은 수십 편에 불과할 따름이다.

다만 기본적인 글의 형식에 어긋나지 않고 내용이 볼 만하다면 재주 있는 문사라 할 만하다. 시속을 흔들고 세상을 뒤덮을 만한 글이 나오려면 아무래도 황하가 맑아지기를 기다려야 하리라!

※ 〈편역자 생각〉

세상에 글 쓰는 사람도 많고, 글도 많고도 많다. 하지만 정말로 잘 쓴 글은 그리 많지 않다. 글재주를 타고난 사람이 드물어서다. 그러나 글재주 없는 사람이라고 해서 글을 안 쓸 수는 없다. 글쓰기는 사람이 살아가는 기본 능력 중 하나이기 때문이다. 과거엔 '신언서판身言書判'을 인재 등용의 기준으로 삼았는데, 그 중 서書와 판判이 글쓰기와 관련된다. 오늘날에도 작문 능력은 지식인의 필수 능력으로 중시된다.

그렇다면 글쓰기를 잘하는 방법은 무엇일까. 안지추 선생이 위에서 말한 바 "기본적인 글의 형식에 어긋나지 않고 내용이 볼 만하다."는 두 가지 조건이 핵심이다. 우선 "기본적인 글의 형식"을 배워야 한다. 산문은 문단 나누기가 가장 중요하다. 한국 문인 중에는 문단의 개념도 모르는 사람들이 태반이다. 문단을 잘 나누어 구성을 잘해야 글이 짜임 있게 된다. 다음으로 "내용이 볼 만하다"는 건 남이 다루지 않는 소재를 잡아서, 새로운 시각으로, 참신한 표현으로 글을 쓰도록 노력하는 것이 중요하다.

글을 쓰고 난 뒤에는 반드시 퇴고를 해야 한다. "글 한 편을 썼으면 먼저 친구와 상의하여 그의 평과 의견을 듣고서 발표해도 좋은지 판단하는 것이 좋다. 그런 다음에 더 다듬어서 내놓는 것이 바람직하다." 이런 안지추 선생의 충고가 정말 옳다. 글을 쓴 다음에는 바로 발표하지 말고, 시간을 두고 읽고 또 고친다. 남에게 읽어보게 하여 마지막 퇴고를 한다. 퇴고가 작품의 완성도를 높인다. 퇴고를 많이 하면 할수록 글은 좋아진다.

글쓰기의 기본을 알고 싶다면 김창진이 쓴 《작문의 정석》을 읽어보기 바란다. 대학 신입생에게 작문 교육하기 위해 쓴 책이다. 단어 선택, 문장 쓰기, 문단 구성, 작품 완성의 순서로 논설문 쓰는 방법을 정리해 놓았다. 논설문은 수필이나 논문의 기본이 되는 글이다. 작문 초보자에게 유익한 기초 훈련이다.

4. 문인은 신중하게 처세해야

두 임금을 섬기지 않는 것은 백이와 숙제의 절개였다. 누구를 섬긴들 임금이 아니겠느냐고 한 것은 이윤과 기자의 뜻이었다.

춘추시대 이래로 망해 달아난 집안도 많았고 멸망한 나라도 많았다. 그러니 군신 관계가 반드시 일정하고 변함없는 관계인 것만은 아니다. 하지만 군자는 사귀다가 절교를 했어도 뒷소리가 없어야 하는 법이다. 일단 무릎을 굽히고 남을 섬기게 되었다면 어찌 상대의 존망에 따라 생각을 바꾸겠는가?

진림陳琳은 원소 밑에서 글을 쓰면서는 조조를 '승냥이'라고 했다. 그 뒤에는 조조의 위나라에서 격문을 쓰면서는 원소를 지목해 '독사'라 했다. 그 당시 임금의 명령이라 마음대로 할 수는 없었겠지만, 이렇게 말이 바뀌는 것은 역시 문인들의 큰 문제가 아닐 수 없다. 마땅히 처신을 신중하게 고려해야 한다.

5. 양웅이 부賦를 낮추어 본 것은 잘못이다

누가 양웅에게 물었다. "그대는 젊을 적에 부賦를 좋아했지요?" 양웅이 말했다. "그렇소. 부는 아이들이 어려운 글씨체를 배우는 것과 같은 일로서, 어른에게는 어울리지 않지요."

나는 양웅이 부를 아이들의 글로 보는 말이 틀렸다고 생각한다. 부는 《시경》 육의六義인 풍風·부賦·비比·흥興·아雅·송頌의 하나로서, 작자의 생각이나 눈앞의 경치 같은 것을 있는 그대로 드러내 보이는 한문 문체이다. 굴원의 《초사楚辭》에서 시작되어 하나의 형식으로 내려왔으며 아름다운 글을 통한 풍유諷諭에 목적을 두고 있다.

순임금은 〈남풍南風〉 시를 노래했다. 주공은 〈치효鴟鴞〉의 노래를 만들었다. 윤길보尹吉甫와 사극史克은 찬미하는 노래인 아雅와 송頌을 지었다. 이들이 젊은 시절에 이런 노래들을 지었다고 해서 인품에 누가 되었다는 말은 들어보지 못했다.

공자는 "시를 배우지 않으면 제대로 말을 할 수가 없다."고 했다. 또 "위나라에서 노나라로 돌아온 후에 음악이 바로잡혀서 아와 송의 노래들이 제자리를 찾았다."고 했다. 또 효도를 크게 밝히면서 시를 인용하여 증명했다. 그런데 양웅이 어찌 감히 이를 무시하는 것일까?

《법언法言》에 "옛 시인의 부는 아름다우면서 바른데, 후대 사람들의 부는 아름답지만 지나치다."고 했다.

시인의 부란 《시경》의 여섯 가지 문체의 하나인 부를 말하며 시의 한 종류이다. 시인의 부가 아름다우면서 바르다는 것은, 옛날의 시들이 감정을 나타내면서도 올바름에 그치는 것을 훌륭한 것으로 여겼다는 뜻이다.

그런데 후대의 글 짓는 사람의 부가 아름답지만 지나치다는 것은, 오늘날 부 작품들이 지나치게 화려하게 꾸미는 것을 훌륭한 것으로 여긴다는 뜻이다. 양웅은 오늘날 부의 단점만 알았지 부가 가진 원래의 장점을 몰랐다.

양웅은 진나라의 횡포를 비판하고 신나라의 훌륭함을 칭송한 〈극진미신劇秦美新〉을 지었으니 어리석었다. 결국 망령되이 누각에서 몸을 던져 거의 죽을 뻔했다. 또 허둥지둥 어쩔 줄 몰라 벌벌 떨다가 천수를 다 채우지도 못했다. 이런 것은 어린아이 같은 행동일 따름이다.

환담桓譚은 양웅을 노자보다 낫다고 여겼고, 갈홍葛洪은 양웅을 공자에 견주었으니 한숨이 나온다. 양웅은 단지 산술을 좀 알고 음양을 이해하는 것을 가지고 《태현경太玄經》을 지었는데, 몇몇 사람들이 거기에 현혹되었을 뿐이다. 그가 남긴 말이나 나머지 행동들은 손자나 굴원에게조차 미치기 어려운데, 어찌 감히 대성인의 맑은 먼지를 바라볼 수 있겠는가? 장차 《태현경》은 아마도 장독 덮개로나 쓸 만하다.

6. 문학은 겨울나무에 봄꽃과 같다

북제에 석비席毗라는 사람이 있었다. 그는 청렴하고 유능한 선비로서 벼슬이 행대상서行臺尙書에 이르렀다.

석비는 문학을 우습게 여기며 문장가인 유적劉逖을 조롱하여 말했다. "그대들의 화려한 글은 꽃과 같아서, 잠깐 즐길 거리는 되겠지만 대단한 재주는 아니오. 어찌 우리의 천 길 소나무가 늘 풍상에 시달리면서도 마르고 시들지 않는 것에 견줄 수 있겠소!"

유적이 이에 응하여 대꾸했다. "기왕에 겨울을 견디는 나무라면 거기에 봄꽃까지 핀다면 어떻겠소?" 석비가 "거, 좋겠지요!"라며 웃었다.

7. 문장은 절제가 있어야 한다

글을 쓰는 일은 사람이 준마를 타는 것과 같다. 준마가 비록 빼어난 기상이 있다 해도 재갈과 고삐로 제어해야 한다. 함부로 날뛰어 발자취를 어지럽히고 멋대로 구덩이에 빠지게 해서는 안 된다.

8. 문학은 이치가 근본이고 꾸밈은 말단이다

문학은 마땅히 이치를 심장이나 콩팥으로 삼아야 한다. 또 기세와 운韻과 재주를 뼈와 근육으로 삼아야 한다. 내용을 이루는 소재를 피부로 삼아야 한다. 그리고 화려한 수사를 머리에 쓰는 관으로 삼아야 한다.

오늘날 너나 할 것 없이 말단을 좇고 근본을 내버린다. 다들 실속 없이 겉만 아름답게 꾸민다. 수사와 이치가 다투면 수사가 이기고 이치는 숨어버린다. 내용을 이루는 소재들이 작가의 재기와 다투면 내용은 번잡해지고 재기는 손상을 입는다.

멋대로 쓰는 이들은 방탕으로 흘러 돌아올 줄을 모른다. 옛날의 뛰어난 글들에서 표현을 끌어다 쓰는 용사用事에 천착하는 이들은 이것저것 덧대어 꿰매고서도 만족하지 않는다.

시속이 이와 같은데 어떻게 혼자 거스를 수 있겠는가? 다만 지나치고 심한 것만이라도 없애려고 애쓸 뿐이다. 반드시 문장의 체재를 개혁할 뛰어난 재주와 명망을 지닌 이가 나와야 한다. 실로 내가 바라는 바이다.

※ 〈편역자 생각〉

오늘날 한국 수필은 신변잡기를 가지고 아름답게 꾸미는 데 중점을 둔다. 이것이 바로 "오늘날 너나 할 것 없이 말단을 좇고 근본을 내버리면서 다들 실속없이 겉만 아름답게 꾸민다."에 해당한다. 이런 수필을 '문예수필'이라 한다.

하지만 옛날의 좋은 수필은 "문장은 마땅히 이치를 핵심이 되는 심장이나 콩팥으로 삼아야 한다."에 충실했다. 세상의 다양한 사물을 살펴서 그 이치를 논하는 데 중점을 두었다. 이런 수필을 '지성수필'이라 한다.

오늘날 한국 수필가들은 문예수필을 잘 쓴 수필로 알고, 지성수필은 수필이 아니라고 착각한다. 나는 이런 잘못된 현상을 안타깝게 여겨서 《수필이론 바로 세우기》를 펴냈다. 이 책은 그 가치를 인정받아 제1회 '청다靑多 이유식 문학상'을 받았다. 수필을 제대로 알고 바르게 써보고자 하는 사람들은 이 책을 한번 읽어보기 바란다.

9. 고금 문장의 장점을 다 살려야 한다

옛사람들의 글은 웅대한 재능과 빼어난 기상, 풍채와 태도, 풍격 등이 지금보다 실로 원대하다. 단지 짜임새가 거칠고 소박하며 치밀하지 못할 뿐이다.

오늘날은 음률이 멋지게 어울리고 장구가 대구를 이룬다. 피해야 할 원칙들이 정밀하고 상세하여 예전보다 뛰어난 점이 많다.

마땅히 예전의 체재를 근본으로 삼고, 오늘날의 수사와 음조를 말단으로 삼아야 한다. 반드시 둘 다 함께 살려야지 한쪽만 내버려서는 안 된다.

10. 우리 집안의 문풍은 점잖고 곧다

우리 집안의 문장은 매우 점잖고 곧았으며 세간의 시류에 따르지 않았다.

양나라 효원제가 번진藩鎭에 있을 때, 신하들을 시켜서 여러 글을 모아 《서부신문西府新文》을 편찬했다. 하지만 당시 나의 부친인 안협顔協이 진서부자의참군鎭西府諮議參軍으로 있었음에도 작품이 이 책에 수록되지 않은 것은 유감스럽다. 단 한 편도 수록되지 못한 까닭은 아무래도 선친의 작품이 당시의 조류에 맞지 않고 실속 없이 겉만 화려한 정鄭·위衛의 음이 없었던 탓이었을 것이다.

선친의 작품은 시·부·명銘·뢰誄·서書·표表·계啓·소疏 등의 문장 20권이 있었다. 그런데 우리 형제가 막 부친상을 당하고서 채 정리도 하기 전에 전란을 만나 다 없어져버렸다. 그래서 끝내 세상에 전해지지 않게 되었다. 원통하고 한스러운 마음이 가슴에 사무치는구나!

우리 집안의 품행은 《양사梁史》 〈문사전文士傳〉과 효원제의 《회구지懷舊志》에 나와 있다.

11. 문장은 세 가지가 쉬워야 한다.

심약沈約이 말했다.

"문장은 마땅히 세 가지 쉬움〔三易〕의 원칙을 따라야 한다. 첫째, 내용을 쉽게 이해할 수 있어야 한다. 둘째, 글자를 쉽게 알아볼 수 있어야 한다. 셋째, 낭독을 쉽게 할 수 있어야 한다."

형소邢邵는 늘 말했다. "심약의 문장은 옛날의 뛰어난 글들에서 표현을 이끌어 쓰는 일을 남들이 알아채지 못할 정도로 교묘하다. 그래서 마치 가슴속에서 나온 독창적인 말 같다. 이 점을 깊이 탄복한다."

조정祖珽도 일찍이 나에게 말했다. "심약의 시에 '기울어진 낭떠러지가 종유석을 감싼다.'고 했는데, 이것이 어찌 옛날 글에서 가져온 것 같은가?"

12. 문학은 객관적인 평가가 어렵다

양나라에서 형소와 위수는 모두 문장가로 명성이 높았다. 당시 세간의 표준이었고 사표로 여겼다.

그런데 형소는 심약은 인정하였지만 임방은 얕보았다. 위수는 임방은 흠모하였지만 심약은 깎아내렸다. 그래서 늘 토론하는 자리에서 목소리를 높이고 얼굴을 붉혔다.

위나라 수도 일대에 문장가의 우열에 대해 의견이 분분해지면서 각각의 붕당이 만들어졌다. 조정이 일찍이 나에게 말했다. "임방과 심약의 시비가 바로 형소와 위수의 우열이지요." 이처럼 문학은 주관적이서 객관적인 평가는 어렵다.

13. 글은 신중하게 써야 한다

문장을 쓰면서 적절치 못한 표현을 하는 경우가 많다. 먼저 왕이 아닌 사람을 왕처럼 표현한 경우이다.

채옹은 〈양병비楊秉碑〉에서 양병이 "대록大麓의 중책을 통괄했다."고 했다. 그런데 대록의 중책은 왕이 맡는 것이니, 신하를 왕에 비유한 것은 너무 지나치다.

반니潘尼는 〈증노경선시贈盧景宣詩〉에서 노경선이 "구오九五에 용이 날아가는 것을 생각한다."고 했다. 《주역》 건괘에 "구오에 비룡이 하늘에 있으니, 대인을 만나봄이 이롭다."고 했다. 구오는 왕의 자리이고, 비룡은 성인이 나타나 천자가 되는 것이다. 그러니 왕이 아닌 사람에게 함부로 이 구절을 써서는 안 된다.

손초孫楚는 〈왕표기뢰王驃騎誄〉에서 "갑자기 등하登遐하셨다."고 했다. 뇌문誄文은 죽은 사람의 명복을 빌거나 생전의 공덕을 칭송하며 조상弔喪하는 말이나 글이다. 그런데 왕표기는 왕이 아닌데 왕에게 쓰는 '등하'라는 말을 썼으니 큰 잘못이다.

육기陸機는 〈부뢰父誄〉에서 "많은 백성들이 마음을 의지하였고, 백관이 화목하고 질서가 잡혔다."고 했다. 육기의 아버지가 왕이 아닌데, 이렇게 쓴 것은 큰 잘못이다.

또 육기는 〈자뢰姊誄〉에서는 누이를 "하늘 소녀에 견준다."고 했다. 이 표현은 본래 주나라 문왕의 왕후인 태사에 사용된 것이다. 그러므로 육기가 누이의 뇌문誄文에 사용하기에는 적절치 못하다.

이상은 모두 오늘날 왕이나 왕족에게나 사용할 수 있는 말을 왕이 아닌 사람에게 쓴 경우이다. 이런 식으로 잘못 썼다가는 조정의 죄인이 될 것이다.

한편 왕을 낮추어 잘못 표현한 경우도 있다.

진사왕 조식은 〈무제뢰武帝誄〉에서 위 무제가 영원히 칩복蟄伏하심을 깊이 생각한다고 했다. 여기서 '칩복'은 '영원히 잠들다'의 의미도 있어 돌아가신 아버지 위 무제인 조조가 무덤에 있음을 표현한 것이다. 하지만 원래의 뜻은 '벌레가 겨울 동안 땅속에 들어박힘'의 의미이므로, 조식은 아버지를 벌레에 비유한 것이 되어버린다.

왕찬은 〈여양덕조與楊德祖〉라는 시에서 "우리 임금님 그를 전별하시니, 즐거움이 설설洩洩하도다."라 했다. 모자가 화해할 때 쓰는 '설설洩洩'이라는 표현은 남의 자식에게도 함부로 써서는 안 된다. 하물며 태자에게야 말해 무엇하겠는가?

또 다른 잘못 표현한 예들을 들어본다.

반악潘岳은 〈도망부悼亡賦〉에서 죽은 아내를 보내는 것을 슬퍼하면서, 아내를 돌아가신 아버지에 견주었다. 이는 너무 지나친 것이다.

옛날에 공자의 수제자인 안연은, '아침부터 노래한다'는 의미를 지닌

'조가朝歌'라는 마을에서는 머물지 않았다. 또 효자 증자는 마을 이름이 '어머니를 이긴다'는 의미의 '승모勝母'라는 곳에서는 옷깃을 여미었다. 아마도 나쁜 이름이 실질을 해칠까 봐 꺼렸기 때문일 것이다.

오균吳均의 문집에 〈파경부破鏡賦〉가 있다. 《한서》에 파경破鏡이 흉악한 짐승이라는 이야기가 나온다. 글을 지을 때는 부디 이러한 이름들을 피하기 바란다.

근래 남의 시에 화답한 시에서 '삼가 마음을 같이 합니다〔敬同〕'라고 제목을 붙인 것을 보게 된다. 그런데 《효경》에서 "어버이를 섬기는 자세로 임금을 섬겨 공경하는 마음이 똑같다〔敬同〕"고 할 때도 '경동敬同'을 쓴다. 그러므로 '경동敬同'은 아무에게나 함부로 쓸 말이 아니다.

양나라 비욱費旭 또는 비창費昶이 지은 시에서 "옳은지 그른지 모르겠구나.〔不知是耶非〕"라 했다. 시인은 "옳은지 그른지 모르겠다."는 의도로 쓴 시구이지만, 종결사로 사용된 '야耶'자에 '아버지'라는 뜻이 있으므로 "아버지인지 아닌지 모르겠다."는 뜻으로 잘못 읽힐 여지가 있다.

〈은운殷澐〉이라는 시에서 "흔들흔들 운모 배〔飄颺雲母舟〕"라 했다. 간문제가 "비욱은 그 아비를 몰라보고, 은운은 또 그 어미를 흔드는구나."고 했다. 운모雲母의 '母'자가 어머니를 떠올리게 한다는 말이다. 이런 것들이 비록 다 예전에도 쓴 사례가 있긴 하지만 깊이 생각하면 써서는 안 되는 말들이다.

세인들 중에는 간혹 《시경》에서 "둥둥 북을 두드리네〔伐鼓淵淵〕"라고 한 구절을 끌어다 글을 쓰는 이들이 있다. 그런데 '벌고伐鼓'에서 '벌伐'의 성모聲母와 '고鼓'의 운모韻母를 결합하면 '썩을 부腐'자가 된다. 반대로 '고'의 성모와 '벌'의 운모를 결합하면 '골骨'자가 된다. 그래서 합치면 '부골腐骨'이 되어 '뼈가 썩는다'는 의미가 되어 상서롭지 못하다. 그렇기 때문에 '벌고'라는 표현은 피해야 한다.

그런데 《송서》에 이미 '루유屢遊'라는 표현에 대한 비난이 있었다. '루유'는 중국어로는 '유유劉裕'와 발음이 같다. '유유'는 송나라를 건국한 송 고조인 송 무제武帝이다. 그러니 이와 같은 표현은 반드시 피해서 쓰지 말아야 한다.

안채에 어버이를 모시고 있으면서 외숙과 이별할 때 〈위양渭陽〉의 노래를 부르는 것은 큰 잘못이다. 진나라 태자였던 강공은 위수渭水 남쪽에서 외숙을 전송하면서 볼 수 없는 어머니를 그리워하면서 〈위양〉을 지었다. 그러니 어머니가 살아계시는데, 외숙과 이별하면서 〈위양〉의 노래를 읊는 건 어머니가 돌아가시기를 바라는 것과 같다.

집에 노부모를 봉양하고 있으면서 형을 전송할 때 환산桓山의 슬픔을 읊는 것도 큰 잘못이다. 환산의 새가 새끼 네 마리를 길러 새끼가 장차 둥지를 떠나려 할 때, 그 어미 새는 새끼들이 떠나가면 다시는 돌아오지 않을 것을 슬퍼하며 운다. 그러니 형을 전송할 때 환산의 슬픔을 읊는 건 다시는 형과 부모가 만나지 못할 것을 뜻하므로 옳지 않다.

여기 보기를 든 것들은 일부에 불과하다. 그러니 글을 쓸 때는 인용하는 단어나 성어의 의미를 정확히 알고 그때그때 신중하게 잘 판단해서 써야 한다.

14. 남의 작품을 함부로 비평하지 말라

강남에서는 글을 지을 때 남이 지적해주어 잘못된 데가 있음을 알았다면 그에 따라 곧바로 고쳐야 한다. 진사왕 조식은 정이에게 지적을 받았다.

하지만 산동의 풍속에서는 논박이나 비평이 통하지 않는다. 내가 막 양나라 수도로 들어와서 일찍이 남의 작품에 평했다. 그 일로 남의 뜻을 거슬렀다. 서로 다투고 사이가 틀어졌다. 이 일은 지금까지도 후회가 된다. 그러니 너희들은 결코 남의 작품에 대해서 함부로 이러쿵저러쿵하지 말아라.

15. 대필은 하지 말아야 한다

남을 대신하여 글을 써줄 경우가 있다. 그럴 때는 언제나 그 사람이 말하는 방식으로 쓰는 것이 이치에 옳다.

대필하면서 슬프고 흉한 내용의 글을 함부로 대신 써줄 수는 없다. 채옹이 호금영胡金盈을 위해 〈모령표송母靈表頌〉을 지으면서 "어머님이 오래 사시지 못한 것이 슬프구나, 갑자기 날 버리고 일찍 돌아가셨으니."라 했다. 또 호현胡顥를 위해 그 아버지의 명문銘文을 지으면서 "내 아버지 의랑군議郎君을 장사 지낸다."고 했다. 그리고 〈애삼공송哀三公頌〉에서는 "아아! 우리 조상님, 위嬀씨 성에서 나오셨네."라 했다.

왕찬王粲은 반문칙潘文則을 위한 〈사친思親〉이라는 시에서 "몸소 이렇게 고생하시며 우리 어린 자식을 키워주셨네. 돌아가신 우리 어머님 내내 평안하소서."라고 했다.

모두 채옹과 왕찬의 문집에 실려 있는데, 이러한 사례는 대단히 많다. 옛사람들이 행하던 일이었지만, 오늘날에는 대필하면서 슬프고 흉한 내용의 글을 쓰는 것을 금기로 여긴다.

16. 만가挽歌에 자기 신세 한탄을 쓰면 안 된다

죽은 이를 위한 만가의 가사에 대해 어떤 이는 옛날 장송곡인 〈우빈虞殯〉의 노래였다고 하기도 하고, 어떤 이는 전횡田横의 빈객賓客들에게서 나왔다고 한다. 어느 경우나 다 산 사람이 죽은 이를 애도하고 슬픈 마음을 표시하기 위한 것이다.

육기陸機는 만가에 자기 신세를 한탄하는 내용을 많이 썼다. 시 형식에 이러한 예는 없을 뿐만 아니라 만가를 만든 본래의 취지와도 어긋난다.

17. 글의 내용은 일관성이 있어야 한다

《시경》의 시에서 풍자하여 경계하는 것과 찬미하여 기리는 것은 각각 그 원류가 있다. 그러나 찬미와 풍자가 같은 작품 속에 함께 뒤섞인 경우는 일찍이 없었다.

육기는 〈제구齊謳〉를 지었는데, 앞에서는 산천과 물산, 풍속과 교화의 흥성함을 서술하다가 뒷장에서 갑자기 산천을 천하게 여기는 마음을 드러내었다. 그래서 앞뒤가 맞지 않아서, 그 체재를 완전히 잃고 말았다.

이렇게 찬미와 풍자를 같은 작품 속에 뒤섞어도 된다면 그가 지은 〈오추행吳趨行〉에서는 왜 오왕 합려闔閭와 월왕 부차夫差에 대하여 진술하지 않았을까?

또 〈경락행京洛行〉에서는 왜 난왕赧王과 영제靈帝에 대하여 서술하지 않았을까? 난왕은 동주의 마지막 임금이었고, 영제는 동한 말기의 황제로서 모두 혼란한 시기의 제왕들이었다.

※ 〈편역자 생각〉

후대의 연구자들은 안지추 선생이 〈제구〉와 〈경락행〉을 이렇게 비판한 것은 잘못이라고 본다. 작품 해석은 독자의 주관에 따라 다르므로 이렇게 볼 수도 있지만, 사람들 대부분은 이렇게 보지 않는다는 것이다. 그렇긴 하지만 한 작품이 '내용의 일관성'이 있어야 한다는 안지추 선생의 주장만은 옳은 말이다.

18. 용사用事는 신중히 해야 한다

용사는 한시를 지을 때 전례와 고사나 사실을 끌어다 쓰는 기법이다. 그런데 예로부터 대단한 재주를 가진 박학한 사람들 중에도 용사에 오류를 범하는 경우가 있었다.

제자백가의 여러 주장들이 간혹 서로 다를 수도 있고, 책이 인멸되어 후인들이 볼 수 없는 경우도 있다. 그러므로 감히 함부로 논할 수는 없다. 다만 분명히 오류임을 알 수 있는 것 몇 가지만 들어서 경계로 삼고자 한다.

《시경》에서 "꿩꿩, 까투리가 운다.〔有鷕雉鳴〕"라 하였고, 또 "까투리가 울며 수컷을 찾는다.〔雉鳴求其牡〕"고 했다. 《모전毛傳》에서도 "요鷕는 까투리 소리이다.〔鷕 雌雉聲〕"라고 했다. 이렇게 '요鷕'는 암꿩인 까투리가 우는 소리를 말한다.

《모전》에서 "장끼가 아침에 우는 것은 암컷을 찾는 것이다.〔雉之朝雊 尙求其雌〕"라고 했다. 《예기》 〈월령月令〉에 대한 정현鄭玄의 주에서도 "구雊는 장끼가 우는 것이다.〔雊 雄雉鳴〕"라고 했다. 이렇게 '구雊'는 수꿩인 장끼가 우는 소리를 말한다.

그런데 반악은 〈사치부射雉賦〉에서 "꿩이 '요요鷕鷕'하면서 아침에 '구雊'하네.〔雉鷕鷕以朝雊〕"라 했다. 이는 암수를 뒤섞어 혼동한 것이다.

《시경》에서 "형제가 몹시 그립다.〔孔懷兄弟〕"라 했다. '공孔'은 '몹시'라는 뜻이고, '회懷'는 '그리워하다'는 뜻이므로, '공회孔懷'는 '몹시 그립다'는 말이다.

육기는 〈여장사고모서與長沙顧母書〉에서 육촌 아우인 사횡의 죽음을 기술하면서 "마음 쓰라리고 뇌를 뽑는 슬픔이, 마치 공회孔懷 같은 데가 있다.〔痛心拔腦 有如孔懷〕"고 했다. 마음이 쓰라리다면 몹시 그리워하다는 말인데, 무슨 까닭으로 여기에 '……같은 데가 있다〔有如〕'는 표현을 썼을까?

그 의미를 살펴보면 육기는 친형제를 일컬어 '공회孔懷'라고 한 것이 분명하다. 그런데 《시경》에서 "부모님이 아주 가까이에 계시다.〔父母孔邇〕"라고 했다 하여, 양친을 '공이孔邇'라고 부른다면 뜻이 통하겠는가?

《이물지異物志》에서 "옹검擁劍은 모습이 게와 비슷한데, 다만 집게발 하나가 유난히 크다."고 했다. 게의 몸에 유난히 큰 집게발이 있는데, 그것을 옹검에 비유한 것이다. 그런데 하손何遜의 시에서 "뛰는 물고기가 마치 옹검 같다.〔躍魚如擁劍〕"고 하였으니, 이는 물고기와 게를 구분하지 못한 것이다.

《한서》에서 "어사부御史府 안 늘어선 잣나무에 들새 수천 마리가 있는데, 늘 그 나무 위에서 서식하면서 아침에 나갔다가 저녁에 들어오니 '조석조朝夕鳥'라고 부른다."고 했다. 그런데 문인들은 왕왕 '조석조朝夕鳥'의 '조鳥'자를 '오연烏鳶'의 '오烏'자로 잘못 인용하곤 한다.

《포박자》에서 항만도項曼都가 신선술을 터득했다고 거짓말하면서, 자칭 "신선이 유하주流霞酒 한 잔을 내게 주기에 마셨더니 갑자기 배고픔과 목마름이 사라졌다."고 했다. 그런데 간문제簡文帝는 시에서 "유하주를 따른 포박자의 사발〔霞流抱朴碗〕"이라고 했다. 유하주를 따라준 이는 신선이지 포박자가 아니다. 이는 곽상郭象이 《장자》에 나오는 혜시惠施의 변설을 장자의 말로 여긴 것과 같은 오류이다.

《후한서》에서 "사도司徒 최열崔烈을 가두고 낭당銀鐺을 채웠다."고 하였는데, 낭당은 큰 족쇄이다. 그런데 세간에서는 '낭銀'을 금은의 '은銀'자로 잘못 쓰는 경우가 많다. 무열태자 역시 책을 수천 권 읽은 선비였지만, 일찍이 시를 지어 "은으로 삼공의 발에 족쇄를 채웠고, 칼로 복야僕射의 머리를 쳤다.〔銀鎖三公脚 刀撞僕射頭〕"고 했다. 세간에서 곧잘 범하는 오류이다.

19. 문장 중의 지리地理는 합당해야 한다

글에서 지리는 반드시 합당해야 한다.

양나라 간문제의 〈안문태수행雁門太守行〉에서 "거위 진법으로 일축왕日逐王을 공격하고, 연燕의 기병騎兵으로 강거康居를 휩쓸었다. 대완大宛에서 좋은 말을 바쳤고, 소월지小月氏는 항복 문서를 보내왔다."고 했다. 그러나 이는 이해하기 어렵다. 안문雁門과 대완大宛 사이는 직선거리로 약 3,000㎞에 이를 정도로 멀리 떨어져 있으므로, 그 전황은 믿기 어렵다.

소자휘蕭子暉의 〈농두수隴頭水〉에서는 "날은 차가운데 농수는 세차게, 콸콸 쏟아져서 나뉘어 흐른다. 북쪽으로 흘러서 황룡黃龍으로 들어가고, 동쪽으로 흘러서 백마白馬에서 만난다."고 했다.

농수는 서북쪽에 있고 황룡은 북쪽에 있으며 백마는 서남쪽에 있어서, 서로 아주 멀리 떨어져 있다. 그런데 강물이 어떻게 거기까지 미칠 수가 있겠는가? 이 역시 밝은 구슬의 흠이요, 아름다운 옥에 티니 조심해야 한다.

20. 강남의 문학(1) - 왕적의 시

시인 왕적王籍은 〈입약야계入若耶溪〉라는 시에서 "매미가 우니 숲은 더욱 고요해지고, 새가 지저귀니 산은 한층 그윽해진다."라 했다. 강남에서는 더 이상 좋은 표현은 없다고 하는 데에 아무런 이의가 없었다.

양나라 간문제는 읊어보더니 잊지를 못하였고, 효원제는 음미해보더니 이런 시는 다시 얻을 수 없다 하며, 《회구지懷舊志》〈왕적전王籍傳〉에 수록하게 했다.

범양의 노순조盧詢祖는 양나라 수도인 업 땅 일대에서 뛰어난 문인이었으나 "이건 말이 안 되는데, 무엇 때문에 잘 지었다고 하는 걸까?"라 했다. 위수 역시 그의 견해에 동의했다.

《시경》〈소아小雅 거공車攻〉에서 "히힝 말 우는 소리, 유유히 나부끼는 깃발."이라 했다. 이 시구에 대해, 《모전毛傳》에서는 "소란하지 않음을 말한 것이다."라 했다. 나는 이 해석이 운치가 있다고 늘 감탄해왔는데, 왕적의 시는 바로 이 뜻에서 나온 것이다. 즉 왕적의 시구는 소리로써 소리 없음을 나타낸 데에 묘미가 있다.

21. 강남의 문학(2) - 소각의 시

난릉의 소각蕭慤은 양나라 왕실 상황후上黃侯의 아들로 시를 잘 지었다. 일찍이 〈추秋〉라는 시에서 "연꽃에 이슬 내리고, 버드나무 달빛 속에 성글다."고 하였는데, 당시 사람들은 그 훌륭함을 채 알아보지 못했다.

나는 시인의 마음과 경치가 어울림이 한가로우면서도 눈앞에 보이는 듯한 것이 좋았다. 영천의 순중거荀仲擧와 낭야의 제갈한諸葛漢도 나와 생각이 비슷했다. 그러나 노사도盧思道 등은 썩 마음에 들어하지 않았다.

22. 강남의 문학(3) - 하손의 시

하손何遜의 시는 실로 맑고 교묘하고 형상을 흡사하게 묘사한 표현이 많았다. 하지만 양나라 수도의 논자들은 그의 시가 늘 고생을 한탄하고 춥고 배고픈 기색이 넘쳐서, 유효작劉孝綽의 한가롭고 온화함에 미치지 못하는 것을 아쉬워했다.

비록 그러하였으나 유효작은 하손을 매우 싫어했다. 평생 그의 시를 읊을 적마다 늘 "거백옥蘧伯玉 수레 소리가 북궐에 울린다니, 삐그덕 삐그덕 무도한 수레로군."이라 비꼬았다. 또 《시원詩苑》을 편찬하면서 하손의 시는 2편만 싣자, 당시 사람들은 그의 속 좁음을 나무랐다.

유효작은 당시에 이미 명성이 높았기 때문에 시에서는 누구에게도 양보하지 않았다. 오로지 사조謝朓에게만은 굴복하여 늘 그의 시를 책상에 올려놓고 틈만 나면 읽고 음미했다.

양나라 간문제가 도연명의 글을 애호한 것 역시 이와 같았다.

강남의 속담에 "양나라에는 삼하三何가 있는데, 하자랑何子朗이 가장 낫다."는 말이 있었다. '3하'란 하손何遜, 하사징何思澄, 하자랑何子朗이다.

하자랑은 맑고 교묘한 표현이 참으로 풍부했다. 하사징은 여산廬山을 유람할 때마다 아름다운 작품을 지어냈는데, 역시 최고의 작품이었다.

제10편 명성과 실질을 일치시켜라

1. 명성과 실질의 관계

명성과 실질의 관계는 형체와 그림자의 관계와 같다. 덕행과 재주가 두루 훌륭하면 명성은 반드시 좋아지기 마련이다. 용모가 예쁘면 그림자도 반드시 아름다워 보이기 마련이다.

그런데 수신修身은 하지 않으면서 세상에 좋은 명성을 구하는 사람들이 있다. 그것은 용모가 아주 못 생겼으면서 거울에 고운 그림자가 비춰지기를 구하는 것과 같다.

상급 선비는 명성을 생각하지 않는다. 중급 선비는 명성을 세우려 한다. 하급 선비는 명성을 훔친다.

명성을 생각하지 않는 사람은 도道에 자아를 일치시켜 덕과 하나가 된다. 그러니 귀신이 도와준다. 명성을 구태여 추구할 필요가 없다.

명성을 세우려는 사람은 수신하고 행동을 조심한다. 그렇게 해서 훌륭한 명성이 드러나지 않을까 두려워한다. 명성을 결코 양보할 리 없다.

명성을 훔치는 사람은 겉모습은 훌륭해도 속은 매우 간사하다. 그래서 겉만 번드르르한 허식을 추구한다. 잠시 명성을 얻을 수는 있지만 명성을 길게 유지할 수는 없다.

2. 언행과 명성에는 믿을 만한 근거가 있어야 한다

사람이 발로 밟는 곳은 몇 치에 지나지 않는다. 그런데 지척인 길임에도 늘 벼랑에서 넘어지고, 외나무다리에서 매번 계곡에 빠지는 것은 왜일까? 그 주변에 넉넉한 공간이 없기 때문이다. 군자가 자신을 세워나가는 일도 어쩌면 이와 같을지 모른다.

지극히 참된 말인데도 남들은 믿지 못하는 경우가 있다. 지극히 깨끗한 행실인데도 남들은 혹 의심할 수도 있다. 이는 모두 내 언행과 명성에 충분히 믿을 만한 근거가 부족하기 때문이다. 나는 남에게 비난을 받을 때마다 언제나 이 점을 스스로 반성한다.

공자 제자인 자로의 말은 제후들이 제단에 올라 맺는 맹약보다 더 신뢰받았다. 또 후한 때 무음舞陰의 성주는 신망 있는 선비 조희趙熹가 오면 성을 열고 항복하겠다고 했다. 내가 평소에 큰길을 더 열고 강을 건너는 배다리를 더 넓히는 음덕을 베풀었다면, 나도 자로나 조희와 같은 신뢰를 사람들에게서 얻을 수 있었을 것이다.

3. 거짓은 결국 드러나게 마련이다

내가 세상 사람들을 살펴보니 이상한 현상이 있었다. 청렴하다는 명성이 높아질수록 뇌물을 받는 경우가 많다. 또 신용 있다는 칭송이 자자할수록 약속을 깨뜨리는 경우가 많다. 또 뒤에 나오는 창이 앞에 있는 방패를 망가뜨리는 줄 모른다.

그러나 복자천虙子賤은 "여기에서 성실한 사람은 저기에서도 드러난다."고 했다. 사람의 허실과 진위는 마음속에 들어 있으면 행적에 드러나기 마련이다. 아직 드러나지 않은 것은 단지 충분히 살피지 못했기 때문이다. 한비자는 "교묘한 거짓이 서투른 진실만 못하다."고 했다. 일단 살펴서 거짓이 발각되고 나면 거기에는 엄청난 치욕이 뒤따른다.

춘추시대 정나라의 신하였던 백석伯石은 경卿의 지위를 거듭 사양하다가 결국은 임명장을 받았다. 한나라 왕망은 애제哀帝가 즉위하자 상소를 올려 대사마 자리에서 물러났다. 이렇게 겸손하고 공손한 태도를 보이다가, 왕망은 나중에 정권을 찬탈하여 신나라를 세웠다. 당시에 그들은 교묘해서 아무도 모를 것이라고 혼자 생각했을 것이다. 그러나 후인들이 글로 써서 만대에 전하고 있으니 모골이 송연하다고 할 만하다.

근래에 어떤 지체 높은 귀족이 효성으로 명성이 높았다. 양친의 초상을 거듭 치르면서 슬픔으로 몸을 상했다. 정해진 법도를 넘어서 남들보다 대단하다고 할 만했다.

그런데 앞서 상중의 거처에서 독성이 강한 열매인 파두巴豆를 얼굴에 발라 부스럼을 만들어서 지나치게 슬피 울었음을 나타내었다. 그러나 가까이 있던 어린 종들이 그 비밀을 숨기지 못해서, 결국 외부인들로 하여금 그의 거처나 음식까지도 다 믿을 수가 없다고 말하게 만들고 말았다.

그는 한 가지 거짓 때문에 백 가지의 진실을 잃어 버렸다. 그 까닭은 바로 끝없이 명성을 탐하였기 때문이다.

4. 거짓으로 얻은 명망은 들킨다

어떤 선비가 있었는데, 읽은 책은 2, 3백 권에 지나지 않았다. 타고난 재주도 둔하고 못났다. 하지만 대대로 집안이 부유하여 평소에 긍지를 갖고 있었다.

늘 술과 고기 안주, 진귀한 물건들을 가지고 명사들과 교유했다. 그러한 미끼에 넘어간 이들이 다같이 번갈아가면서 그를 띄워주었다. 조정에서는 그가 문학적 재능이 뛰어난 줄 알고서 일찍이 외국에 사절로 파견한 적도 있었다.

동래왕東萊王 한진명韓晉明은 문학을 몹시 애호하였는데, 어떤 선비가 쓴 글들 중에 직접 작품을 구상하지 않은 것들이 많다고 의심했다. 마침내 연회를 열어 직접 얼굴을 맞대고 시험해보기로 했다.

하루 종일 문인들이 자리를 가득 메우고서 즐겁게 어울렸다. 소리를 이어 운율을 펼치며 붓을 놀려 시를 지었다. 이 사람도 금방 시를 지어내긴 하였지만 이전 작품에서 보이던 운치가 전혀 보이지 않았다. 여러 손님들은 각기 자신의 시를 짓느라 아무도 눈치 챈 사람이 없었다. 한진명은 연회를 마치고 나와 탄식을 하면서 "과연 예상했던 대로였소!"라고 했다.

한진명은 또 그에게 "옥홀〔玉珽〕의 윗부분인 종규終葵 머리는 무슨 모양이오?"라고 물었다. 그는 "홀의 머리는 둥글고 모습은 마치 아욱 잎과 같겠지요."라고 대답했다.

옥홀은 옛날 천자가 조회 때에 손에 드는 옥으로 만든 홀을 말한다. 종규는 네모난 방망이 모양이다. 학식이 부족한 선비는 그것을 아욱 잎 모양으로 알고서 잘못 대답했다. 한진명은 이미 배워 알고 있던 것이어서, 웃음을 참으며 내게 이야기해주었다.

5. 자제의 글은 고쳐주면 안 된다

아버지가 자제들의 문장을 고쳐주어 성가를 올리게 하는 것은 크게 잘못된 일이다. 첫째, 늘 계속해서 해줄 수는 없으므로 결국 그 실상이 드러날 것이다. 둘째, 배우는 사람이 기댈 데가 있으면 더욱 정진하여 노력하지 않기 때문이다.

※ 〈편역자 생각〉

오늘날 한국 예술계에도 스승이 제자의 작품을 손대주는 풍조가 있다고 한다. 그렇게 해서 공모전에서 상도 타게 한다. 하지만 그렇게 해주면 제자는 실력이 늘지 않는다. 또 자신의 개성이 살아나지 못한다. 그러므로 스승은 제자가 등단할 때까지만 지도해야 한다. 제자가 등단하여 작가가 된 뒤에는 제자 작품에 절대로 손대서는 안 된다. 제자도 작가가 된 이후에는 독립해야 한다. 등단한 이후에는 스승의 그늘에서 벗어나서 자기 능력으로 자신의 세계를 만들어 나가야 한다.

6. 겉치레는 오래가기 어렵다

양나라 수도인 업 지역의 한 젊은이가 벼슬에 나가 양국령襄國令이 되었다. 그러더니 스스로 꽤 열심히 애를 쓰며, 공무를 염두에 두고 언제나 백성들을 위로하고 구제함으로써 명성과 칭찬을 얻으려 했다.

백성들을 병역에 내보낼 때마다 늘 손을 잡아주고서 떠나보냈다. 때로는 배나 대추, 떡 등을 준비하여 사람들마다 일일이 챙겨 보내면서 말했다. "상부의 명령으로 힘들게 하여 안타깝기가 그지없소. 길에서 배고프거나 목마르면 이걸로 내 마음을 헤아려주시오." 그리하여 백성들의 칭찬이 입에 다 담기 어려웠다.

그런데 사주별가泗州別駕로 전보되면서 이 비용이 날로 늘어났다. 그래서 예전처럼 모든 사람들에게 골고루 챙겨줄 수가 없게 되었다. 한 번 거짓으로 행한 겉치레가 계속 이어지기 어렵게 되어버리자, 그간의 공적도 마침내 허물어지고 말았다.

7. 명성은 선을 권장하고 후손에 음덕을 베푼다

어떤 이가 나에게 물었다.

"정신이 소멸하고 육신이 없어진 후에 남겨진 명성과 가치는, 매미가 벗어버린 껍질이나 뱀의 허물, 짐승의 흔적이나 새의 발자국 같을 뿐입니다. 그런데 죽은 자와 무슨 상관이 있다고 성인께서 그것으로 인륜의 명분을 밝히는 가르침, 즉 유교를 만들었을까요?"

나는 그에게 이렇게 대답했다.

"선한 일을 권장하는 것이지요. 명성을 세우도록 권장하면 그 실질을 얻게 됩니다. 두 나라를 섬길 수 없다던 한 사람의 백이伯夷를 권장하면, 천만 사람이 청렴한 기풍을 세우게 됩니다. 의리를 지켰던 한 사람의 계찰季札을 권장하면, 천만 사람이 의리를 무겁게 여기는 기풍을 세우게 됩니다. 지조가 굳었던 한 사람의 유하혜柳下惠를 권장하면, 천만 사람이 지조가 곧은 기풍을 세우게 됩니다. 정직했던 한 사람의 사어史魚를 권장하면, 천만 사람이 정직한 기풍을 세웁니다.

그래서 성인은 물고기의 비늘만큼 많은 사람들이 봉황의 날개를 붙들고 따라가듯 훌륭한 사람을 따르게 하였습니다. 그렇게 하여 훌륭한 사람들이 이런저런 다양한 모습으로 세상에 끊이지 않고 나오게 하였습니다. 이 일이 어찌 대단하지 않습니까?

천하의 수많은 사람들이 다들 명성을 흠모합니다. 왜 그럴까요? 각각의 형편에 따라 인생에 최선을 다하기 때문입니다. 즉 명성을 흠모하게 해서 더 나은 삶을 살게 되는 것입니다.

또 다른 측면에서 논하자면, 조상의 아름다운 명성과 훌륭한 명예는 또 자손들에게 지위와 재산이 되기도 합니다. 예로부터 오늘에 이르기까지 후손들이 조상의 음덕을 본 경우도 많습니다.

사람이 선행을 닦아서 명성을 세우는 것은 집을 짓고 과일나무를 심는 것과 같습니다. 살아서는 그 이득을 얻고 죽으면 그 혜택을 물려 줍니다.

세간에 명성 얻기에만 급급한 이들은 명성의 진정한 의미를 깨닫지 못합니다. 그래서 명성이 영혼과 함께 하늘로 올라간다거나 소나무·잣나무와 함께 무성해진다거나 하는 등의 엉뚱한 이야기를 합니다. 참으로 미혹된 것이지요!”

제11편 실무 능력을 길러라

1. 나라의 인재, 여섯 부류

훌륭한 선비는 세상을 살면서 능히 남에게 도움이 되는 것을 소중히 여긴다. 한갓 고상한 담론이나 허황된 논의를 하는 것은 좋아하지 않는다. 진정한 선비는 왼편에는 거문고를 끼고 오른편에는 책을 들고 임금의 녹봉과 지위를 축내는 일 따위는 하지 않는다.

나라에 쓰일 인재는 대체로 여섯 가지 부류에 지나지 않는다.

첫째, 조정에서 일하는 신하이다. 그런 관리는 통치의 핵심을 꿰뚫어 알고 경륜이 폭넓고 훌륭한지 살펴본다.

둘째, 문서작성과 역사기록을 담당하는 신하이다. 그런 관리는 법령을 밝혀 문서를 만드는 데 예전의 사례를 잊어버리지 않았는지 살펴본다.

셋째, 군사를 담당하는 신하이다. 그런 관리는 결단력과 책략이 있으며 또한 힘이 있고 유능하면서 숙달되어 있는지 살펴본다.

넷째, 지방에 파견되어 왕실의 울타리가 되는 신하이다. 그런 관리는 파견된 지방의 풍속을 훤히 익혀 알고 청렴결백한 자세로 백성들을 아끼는지 살펴본다.

다섯째, 임금의 명을 받아 사절로 파견되는 신하이다. 그런 관리는 상황의 변화를 파악하여 임기응변하면서 임금의 명을 욕되게 하지 않을지 살펴본다.

여섯째, 토목과 건축을 담당하는 신하이다. 그런 관리는 일의 공정을 헤아려 비용을 절약할 계획을 설계할 기술이 있는지 살펴본다.

이 여섯 가지 인재는 모두 배움에 힘쓰고 올바른 행실을 지켜나가는 사람이라야 이를 수 있는 경지이다. 그런데 사람이 타고난 본성에는 잘하고 못하는 분야가 있다. 그러니 어떻게 한 사람이 여섯 가지 일에 모두 훌륭하기를 요구할 수 있겠는가? 그러므로 관리라면 전체의 취지는 잘 알되 다만 한 가지 일을 잘 지켜나갈 수만 있다면 부끄러울 것이 없다.

※〈편역자 생각〉

안지추 선생의 시대와 지금 시대는 다르다. 그래서 인재상에 대한 구체적인 내용은 달라졌다. 하지만 인재의 본질은 시대를 초월하여 다르지 않다. 안지추 선생이 말한 대로 '인재는 세상 돌아가는 이치를 두루 알면서 한 가지 분야에서 유능한 사람'이라는 원리이다. 즉 풍부한 교양을 가진 바탕 위에서 한 가지 전공을 잘하면 인재가 될 수 있다. 인재는 교양 있는 전문가이다.

2. 남조 사대부는 무능하다

나는 세상에서 문학한다는 선비들을 많이 만나 보았다. 그들은 고금에 대한 품평을 마치 손바닥 가리키듯 쉽게 한다. 그런데 실제로 그에게 일을 시켜보면 감당하지 못하는 경우가 많았다.

태평한 시대에 살다 보니 난리의 재앙도 모른다. 조정 주변에서만 지내다 보니 전쟁의 화급함도 모른다. 녹봉으로 받는 재물이나 지키며 살다 보니 농사의 어려움도 모른다. 하급관리나 백성들 위에서 멋대로 굴다 보니 노역의 고단함도 모른다. 그래서 높은 관리들이 시대 상황에 적응하고 일을 처리해 나가기가 어려운 것이다.

진晉 왕조가 남쪽으로 건너와 선비들을 우대했다. 그러자 강남에서 관리로서 재간 있는 이들은 상서령尙書令과 복야僕射 이하 상서랑尙書郎과 중서사인中書舍人 이상의 벼슬에 발탁되었다. 그들이 기밀과 중요한 일들을 맡아서 관장했다.

그 나머지 문관의 선비들은 대부분이 허황하고 겉만 번지르르하여 세상일을 제대로 처리하지 못한다. 그들의 조그만 잘못에 대해 차마 매질하기도 그렇고 또한 중요한 일을 맡기기도 어렵다. 그래서 이런 사람들은 일은 별로 없으면서 직위만 높은 자리에 두는데, 아마도 그 단점을 덮어주기 위해서일 것이다.

대각영사臺閣令史나 주서主書, 감監, 수帥, 그리고 번왕藩王들을 수행하는 전첨典籤이나 성사省事 같은 하급 관리들은, 다들 직무를 익혀 잘 알고 있다. 그때그때 급한 상황을 잘 처리해낸다. 설령 소인의 행태가 있다고 하더라도 하급 관리이므로 모두 매질로 엄하게 다스릴 수가 있다. 그래서 일을 믿고 맡겨놓고 부리는 경우가 많다. 그것은 아마도 그 장점을 살릴 수 있기 때문이다.

세상에서 다들 양나라 무제 부자가 소인을 아끼고 사대부를 멀리한다고 원망했다. 그런데 위와 같은 이유가 다 있었던 것이다. 사람들은 늘 자기 자신을 헤아리지 못한다. 제 눈의 속눈썹은 보지 못하는 것이나 마찬가지이다.

3. 남조 사대부는 유약하다

양나라의 사대부들은 모두 너른 옷자락에 넓은 허리띠를 두르고 커다란 관을 쓰고 굽 높은 신발을 신고 다니기를 좋아했다. 나갈 때는 수레를 타고 다니고, 들어와서는 시중을 받았다. 교외 성곽 안에는 말 타는 이가 없었다.

주홍정周弘正은 선성왕宣城王의 총애를 받아 선성왕이 과하마果下馬 한 마리를 선사하자 늘 타고 다녔다. 조정에서는 다들 거리낌 없이 제멋대로 군다고 여겼다. 심지어 상서랑이 말을 탔다가 죄를 물어 탄핵되는 일까지 있었다.

후경侯景의 난이 일어나자 사대부들은 피부가 무르고 뼈가 부드러워 보행을 감당하지 못했다. 몸이 허약하고 기운이 없어 추위와 더위를 견디지 못했다. 그래서 갑자기 앉은 채로 죽는 이들이 왕왕 있었다.

건강령建康令이었던 왕복王復은 성품이 점잖은 데에다 일찍이 말을 타본 적이 없었다. 말이 울며 숨을 내뿜고 마구 날뛰는 것을 보면 깜짝 놀라 벌벌 떨지 않은 적이 없었다. 그러고서 남들에게 "정녕 범이거늘 무슨 까닭에 말이라고 하는가?"라고 했다. 유약한 풍속이 이 지경에 이르렀다.

4. 남조 사대부는 농사를 모른다

옛사람들이 농사의 어려움을 알고자 한 것은 농사가 곡식이 귀하고 백성을 먹여 살리는 근본임을 알았기 때문이었다. 양식은 백성들의 하늘이라 백성들은 양식 없이는 살지 못한다. 사람이 사흘만 굶으면 부자간이라도 서로 안부를 물을 수가 없다.

밭 갈아 씨 뿌리고, 호미로 김을 매고, 베어서 거둔다. 그런 다음, 실어다 쌓아놓고, 타작하고, 곡식을 까불러서 모두 몇 차례 손을 거쳐야 곳집으로 들어오게 된다. 그러니 어떻게 근본이 되는 농사를 가벼이 여기고 다른 일을 중시할 수 있겠는가?

조정에서 일하는 강남의 선비들은 진晉나라의 중흥에 따라 남쪽으로 강을 건너왔다. 즉 서진이 천도해서 동진으로 와서 결국 타지에 사는 나그네가 되었다. 이들은 지금까지 8, 9대에 이르도록 여태 힘을 써서 농사를 지어본 적이 없다. 다들 녹봉에 의지해 먹고 살았을 뿐이다.

설령 농사를 지어본 적이 있다 하더라도 모두 종들이 하는 대로 맡겨둔 것이다. 스스로 일찍이 흙 한 삽 일구고 모 한 포기 김매주는 것을 직접 해본 적이 없다. 그러니 몇 월에 씨를 뿌려야 하고 몇 월에 거두어야 하는지도 모른다. 강남의 선비들은 이렇게 모든 일의 근본인 농사도 전혀 모르는데, 어떻게 세상의 다른 일들을 알겠는가?

그러니 관리가 되어도 제대로 일을 할 줄 모르고, 가업을 경영해도 제대로 처리하지 못한다. 이 모두가 지나치게 한가롭고 여유롭게 지내는 데서 생겨난 잘못이다.

제12편 일을 줄여 하나에 집중하라

1. 한 우물을 파야 한다

공자가 주나라에 들어가서 태묘를 구경하는데, 오른편 계단 앞에 쇠로 만든 사람이 있었다. 그 입은 세 번을 봉해놓고, 등에는 이렇게 새겨놓았다.

"옛날에 말을 신중히 했던 사람이니, 조심하고 또 조심하라! 말을 많이 하지 말라! 말이 많으면 실수가 많다. 일을 많이 벌이지 말라! 일이 많으면 우환이 많다." 지당하구나, 이 경계의 말씀이!

잘 뛰는 것은 날개가 없고, 잘 나는 것은 발가락 수가 적다. 뿔이 있는 것은 윗니가 없고, 뒷발이 발달한 것은 앞발이 없다. 이는 아마도 하늘이 만물로 하여금 혼자 모든 것을 갖지 않게 하였기 때문이다.

옛사람이 말했다.

"많은 것을 하면서도 잘하는 것이 거의 없는 것보다는, 한 가지만 붙들고 꾸준히 하는 편이 더 낫다. 날다람쥐가 다섯 가지를 잘해도 제대로 된 재주는 하나도 없다."

근래에 두 사람이 있었다. 둘 다 영민한 선비였지만 성격이 이것저것 해보기를 좋아해서 거의 명성을 이룬 것이 없었다. 경전은 남의 질문에 제대로 대답할 정도가 못 되었다. 역사는 토론하기에 부족했다. 또 문장은 문집에 수록해 전할 만한 것이 없었다. 글씨는 아끼고 즐길 만한 것으로 남길 수준이 못 되었다.

또 점치는 일은 여섯 번에 세 번 알아맞히는 정도였다. 의술과 약방은 열 사람을 치료하면 다섯 사람이 나았다. 음악은 수십 명 아래였다. 활쏘기는 천백 명 안에 들어갈 정도였다.

천문과 회화, 바둑과 윷놀이, 선비어鮮卑語, 선비 글자, 호도기름으로 그리는 그림, 주석을 단련하여 은으로 만드는 연단술 등은 그 개략만 대충 터득했다. 그 어느 하나에도 통달하거나 능숙하지 못했다.

애석하구나. 만약 그 총명함으로 쓸데없는 것들을 줄이고 한 가지에만 몰두했더라면, 분명 정묘한 경지에 올랐을 것이다.

※ 〈편역자 생각〉

'팔방미인이 굶어죽는다'는 말이 있다. 온갖 것들을 두루 잘하는 재주 있는 사람들이 있다. 머리가 좋고 적응력이 뛰어난 사람이다. 이렇게 교양이 풍부하면 지식인으로서 훌륭하다. 하지만 그것만 가지고는 사회에 필요한 인재라 할 수 없다. 교양을 바탕에 두되 반드시 어느 한 분야를 깊이 있게 잘 해야 한다. 교양 위에 뛰어난 전문성을 갖춰야 비로소 인재라 할 수 있다. 즉 박이정博而精해야 인재가 될 수 있다.

2. 임금에게 글 올리기를 삼가라

선비들이 군주에게 글을 올려 의견을 진술하는 일은 전국시대로부터 시작되었다. 한나라에 이르러 그 기풍은 더욱 보편화되었다.

그 형식과 태도를 보면 네 가지로 나눌 수 있다. 군주의 장단점을 공격하는 것은 '간쟁諫爭'하는 사람들이다. 신하들의 잘잘못을 들추어내는 것은 '고발'하는 부류이다. 나라와 집안의 이익과 손해에 대해

진술하는 것은 '대책'을 만드는 계열이다. 개인적 속셈에 따른 이해관계를 가진 것은 '유세'하는 무리들이다. 이 네 가지의 방식을 종합해보면, 충성을 팔아서 지위를 구하는 것이요, 말〔言〕을 팔아서 녹봉을 구하는 것이다.

이들은 때로는 털끝만큼의 이익도 얻지 못하면서 도리어 거들떠보아 주지도 않는 곤혹을 치르기도 한다. 반면에 요행히 임금을 깨닫게 하고 일시적으로 받아들여져서 처음에는 이루 다 헤아릴 수 없을 만큼의 포상을 받기도 한다. 하지만 결국에는 예상치 못한 형벌에 빠지고 만다. 예를 들어 엄조嚴助, 주매신朱買臣, 오구수왕吾丘壽王, 주보언主父偃 등과 같았던 사람들이 참으로 많다.

엄조가 대책을 올리자, 한무제가 좋게 보고 중대부로 발탁했다. 그러나 회남왕淮南王이 반란을 일으켰을 때 엄조가 연루되자 죽였다.

주매신은 고향 사람 엄조가 천거하자, 한무제가 중대부에 임명했다. 뒤에 장탕張湯의 모반과 관련되어 한무제는 주매신도 죽였다.

오구수왕은 흉노를 치겠다고 상서하여 중용되었다. 그러나 뒤에 일에 연루되어 죽임을 당했다.

주보언이 낭중郎中에 임명되었다. 그가 제齊나라 일을 보면서 제왕을 헐뜯어 제왕이 자살하자 황제는 크게 노하여 주보언의 일족을 멸했다.

역사에 기록된 것은 대개 과격하거나 고집이 세고 지조가 굳어 변치 않는 사람들이 정치의 잘잘못을 논한 사례들뿐이다. 법도를 지키는 선비나 군자가 한 일은 역사에서 잘 다루지 않는다. 아름다운 옥을 품고 향기로운 난초나 계수나무를 거머쥔 사람들은 다들 군주에게 글을 올려 의견을 진술하는 것을 부끄럽게 여긴다.

많은 선비들이 문을 지키며 기다리고 대궐로 찾아가서 글을 바치고 계책을 말한다. 하지만 대부분은 공허하고 경박하게 자기 자랑이나 늘어놓은 글들이다. 세상을 경영할 만한 중요한 핵심은 없고 모두 쓸데없는 자질구레한 일들이나 떠든다. 열 가지 중에 한 가지도 채택할 만한 것이 없다.

설사 당장의 일에 부합한다 해도 이미 익히 알려져 다들 아는 것들이다. 군주는 모르는 것이 문제가 아니라 오직 알면서도 실행하지 못하는 것이 걱정일 뿐이다.

군주에게 글을 올려 의견을 진술하다 보면 때로는 간악한 사심이 드러나기도 한다. 그래서 얼굴을 맞대고 따지다 보면 일이 어디로 흘러갈지 예측할 수가 없다. 도리어 자신의 허물을 두려워하게 되기도 한다.

군주가 대외적으로 명망을 지키며 교화시키려고 어쩌면 선비 일부를 용인해줄지도 모른다. 하지만 군주에게 글을 올려 의견을 진술하는 이들은 요행을 바라는 자들이 대부분이다. 그러니 궁중 신하들과 함께 군주를 섬기기에는 충분하지 않다.

3. 간쟁은 신중히 해야 한다

간쟁하는 사람들은 임금의 잘못을 바로잡기 위해 있는 것이다. 그러니 반드시 말할 수 있는 지위에서 마땅히 바로잡아주는 충고를 다 해야 한다. 구차하게 위험을 모면하려고 눈앞의 안일이나 꾀하면서 고개 숙이고 귀를 막고 있어서는 안 된다.

임금을 받들어 모시는 일에는 일정한 규범이 있어야 한다. 생각은 지위를 벗어나서는 안 된다. 자신의 소임이 아닌 일에 간여하면 이는 바로 죄인이 된다.

그래서 《예기》 〈표기表記〉에서 "임금을 섬김에, 멀리 있으면서 간쟁을 하는 것은 아첨하는 일이요, 가까이 있으면서 간쟁하지 않는 것은 직분을 다하지 않고 녹봉만 타먹는 일이다."고 했다. 《논어》에서는 "아직 신임이 없는데 간언을 하면, 남들은 자기를 비방하는 것으로 여긴다."고 했다.

※ 〈편역자 생각〉

가정이든 기업이든 나라든 허물은 있다. 그런 잘못을 바로잡으면 조직은 더 좋아진다. 그러므로 아랫사람은 윗사람에게 쓴소리를 해야 할 때가 있다. 과거 역사에서, 왕이 충신의 간언을 듣지 않아서 나라가 위태해지거나 망한 경우가 많다.

그렇지만 아랫사람은 신임을 받지 못한 상태에서는 결코 간언하면 안 된다. 윗사람이 자기를 비방하는 것으로 여기기 때문이다. 또한 신임을 받았더라도 윗사람이 기분 나쁘지 않게 요령 있게 내용을 잘 전달해야 한다.

윗사람이 간언을 싫어하면 아랫사람은 간언을 하지 못한다. 그러니 윗사람은 괴롭더라도 쓴소리를 받아들일 도량을 지녀야 한다. 그 다음에는 간언이 옳다면 실제로 허물을 고쳐 나가야 한다. 그렇게 된다면 그 조직은 더욱 좋은 조직으로 거듭나게 될 것이다.

4. 군자는 실력을 쌓으며 때를 기다려야 한다

군자는 마땅히 정도正道를 지키고 덕을 숭상하며 명망을 쌓으면서 때를 기다려야 한다. 작위나 녹봉이 오르지 않는 것은 분명 천명天命 때문이다. 즉 하늘의 운수가 아직 때가 이르지 않은 것이다.

군자는 모름지기 남보다 앞서려고만 하면 잘못된다. 군자가 되지 못한 자는 창피한 줄도 모르고 재주를 견주고 공적을 헤아린다. 또 성난 얼굴로 목소리를 높여 이곳저곳에서 화를 내고 원망을 쏟아낸다. 어떤 이는 재상의 약점을 잡고 협박하여 대가를 받아내기도 한다. 또 어떤 이는 사람들이 보고 듣는 것에 대해 시끄럽게 떠들어대어 진실을 제대로 파악하지 못하게 해놓고, 자기를 드러내서 발령받으려 하기도 한다.

이렇게 벼슬을 얻어놓고서는 자기 재주 덕이라고 뻐긴다. 하지만 이는 양식을 도적질해서 배를 불리고 옷을 훔쳐서 따스함을 얻는 것과 무엇이 다르겠는가!

세상에서는 조급하게 다투어 벼슬을 얻은 사람을 보고서 "구하지 않았으면 어떻게 얻었겠나?"라고 말하기도 한다. 하지만 시운時運이 언제 올지 모른다. 실력 있는 사람은 때가 되면 구하지 않아도 벼슬자리는 온다.

조용히 물러나 있으며 때를 아직 못 만난 사람을 보고서 "하지 않으면 어찌 이루겠나?"라고 말하기도 한다. 하지만 좋은 운세가 따르는지도 모르면서 그저 구하기만 해서는 아무런 보탬도 되지 않는다.

원하는 자리를 구하지 않았는데도 절로 얻고, 구했는데도 얻지 못한 경우가 얼마나 많은가. 그러니 군자는 때를 기다리면서 꾸준히 실력을 길러야 한다.

5. 청탁을 하지 마라

북제 말년에 재물로 왕실 외척에게 부탁하거나, 총애받는 여자들을 움직여 청탁하는 일이 많았다. 그렇게 하여 지방관에 임명되는 자는 인장을 차는 인수印綬가 빛나고 수레와 말이 번쩍거렸다. 그 광영

이 구족九族에까지 두루 미쳐 일시에 부귀를 누렸다.

그런데 이미 정치를 맡고 있던 사람에게는 새로 임명된 관리들이 근심거리가 되었다. 그래서 그들을 엿보아 살피게 되었다. 그러니 벼슬길에 오른 자들은 얻었던 이득 때문에 반드시 위태로워질 수밖에 없었다.

새로 임명된 관리들은 약간만 부정한 물이 들어도 엄격한 규정에 어긋나서 처벌받게 되었다. 자칫하며 아주 깊은 함정에 한번 빠지기라도 하면 그 상처는 회복할 수가 없었다. 설령 죽음은 면할 수 있다 하더라도 집안이 망하지 않은 경우가 없었다. 그렇게 된 다음에는 뒤늦게 후회한들 무슨 소용이 있으랴?

나는 남에서 북으로 와서, 일찍이 한마디도 당시 사람들과 내 신분에 관해 논한 적이 없었다. 비록 크게 출세하고 현달하지는 못했지만 그래도 별 허물은 없었다. 처신을 신중히 했기 때문이다.

6. 친구 돕는 일은 잘 판단해서 하라

왕자진王子晉은 "밥 짓는 일을 거들면 맛을 볼 수 있고, 싸움을 거들면 다치게 된다."고 했다. 착한 일은 함께하면 좋고, 나쁜 일은 피하는 것이 좋다는 뜻이다. 남들의 의롭지 못한 일에 함께하고 싶지 않다는 말이다.

남에게서 손해 입을 일에는 다들 간여하지 않는다. 하지만 곤궁한 새가 품 안으로 날아드는 것도 어진 사람이라면 불쌍히 여기는 법이다. 하물며 위급해진 선비가 나에게 의탁해 오는데 그를 내쳐서야 되겠는가?

오자서伍子胥는 초나라 사람으로서 모함을 당해 죽게 되었다. 급하게 오나라로 달아나다가 강가에 이르렀다. 한 어부가 오자서의 딱한 처지를 불쌍히 여겨 배에 태워 건네주었다.

계포季布는 초나라 사람으로 협객이었다. 항우의 부하로 유방을 자주 곤경에 빠뜨렸다. 항우가 죽자, 한 고조가 계포를 잡아들이려고 현상금을 내걸었다. 계포는 주씨周氏에게 숨었는데, 주씨는 계책을 내어 상여를 싣는 커다란 수레에 계포를 싣고 노魯 땅으로 가서 주가朱家의 집에 팔아넘겼다. 주가는 속으로 계포인 줄 알고 사서는 그를 숨겨주었다.

장검張儉이 체포를 피하여 친분이 있는 공포孔褒에게 갔다. 그러나 공포는 집에 없었고, 공포의 동생인 공융이 그를 집에 머무르게 했다. 뒤에 일이 누설되었으나 장검은 벗어날 수 있었고, 숨겨주었던 공포가 죄를 받았다.

조기趙岐는 관리로서 환관 당씨를 부끄럽게 여기고 미워하여, 그 집안 식구들을 몰살했다. 조기는 달아나 신분을 숨기고 북해의 시장에서 떡을 팔았다. 손숭孫嵩이 시장에서 그를 보고 보통 사람이 아님을 알아채고는 불러서 함께 수레에 탔다. 조기가 두려워하자 손숭은 구해주겠다고 했다. 결국 함께 집으로 돌아와 2중 벽 속에 숨겨주었다.

이런 일들은 전대前代에 귀하게 여긴 일들이다. 내가 그런 상황에 처했더라도 그렇게 했을 것이다. 이런 일로 죄를 짓게 된다면 마음으로 달게 받아들이고 눈을 감겠다.

협객 곽해郭解는 체구는 작아도 매우 사나웠다. 자기 몸을 던져서 친구를 구실 삼아 원수를 갚아주기도 했다.

무안후武安侯 전분田蚡이 승상이 되어 위기후魏其侯에게 성 남쪽의 밭을 요구했다. 협객 관부灌夫는 그 이야기를 듣고 화를 내며 욕을 했다. 그래서 승상은 뜻을 이루지 못했다. 곽해와 전부가 한 일은 협객들이나 하는 일이지 군자가 할 일은 아니다.

만약 역란의 행위로 임금과 어버이에게 죄를 지은 자라면 불쌍하게 여길 것도 없다. 그러나 가까운 친구에게 어려움이 닥치게 되면 집안의 재산과 자신의 힘을 아끼지 말아야 할 것이다. 하지만 만약 상대가 멋대로 계략을 꾸며 이치에 맞지 않는 청탁을 해오는 경우라면 내가 어찌하라고 할 바가 아니다.

묵적墨翟의 무리를 세상에서 '뜨거운 가슴'이라 한다. 차등 없는 겸애兼愛를 주장하면서 약자와 천민에 대해 뜨거운 관심을 쏟았기 때문이다. 또 양주楊朱의 무리를 세상에서 '차가운 가슴'이라고 부른다. 바깥 사물로 인해 자신을 손상시킬 수 없다면서 극단적 이기주의를 내세웠기 때문이다. 하지만 가슴은 차가워서도 안 되고 뜨거워서도 안 된다. 마땅히 인의로써 조절해야 한다.

7. 명예욕이 지나치면 실패한다

예전에 내가 수문영조修文令曹 곧 문림관文林館에 있을 때 일이다. 산동의 학사와 관중의 태사太史가 역법을 놓고 논쟁을 벌였다. 모두 십여 명이 이러쿵저러쿵 여러 해 계속해서 다투었다. 그러자 내사內史에서 의관議官인 수문영조에다 평결을 해주도록 이첩해왔다.

나는 이 문제에 다음과 같은 의견을 제시했다.

"대체로 여러 학자들이 다투는 것은 4분법四分法과 감분법減分法의 두 가지 역법입니다. 천체 운행의 요체는 해 그림자로 측정할 수가 있습니다. 이제 그중 춘분과 추분, 동지와 하지, 일식과 월식을 검증해볼 것 같으면, 사분법은 소략하고 감분법은 정밀합니다.

소략한 사분법을 주장하는 이들은, 정치와 법령이 너그럽고 엄격할 때가 있어서 해나 달의 운행이 남기도 하고 모자라기도 하는 것이지, 계산이 잘못된 것은 아니라고 합니다.

정밀한 감분법을 주장하는 이들은, 해와 달의 운행은 빠를 때도 있고 더딜 때도 있는데, 정확한 방식으로 계산을 해서 그 정도를 미리 예측해야 길흉을 따지는 일이 없어지게 된다고 합니다.

소략한 방식을 쓰면 이러한 길흉을 따지는 간사한 유언비어의 소지를 덮어두어 불신이 생겨납니다. 반면에 정밀한 방식을 쓰면 숫자만 믿다가 경전과 어긋나게 됩니다.

또한 의관이 아는 것은 송사의 당사자보다 더 나을 수가 없습니다. 그러니 얕은 지식을 가지고 전문적인 분야를 재단해서야 그 누가 수긍하려 들겠습니까? 법령에 따라 맡은 사항도 아니니, 부디 판결하지 말도록 합시다."

부서에서는 지위고하를 불문하고 다들 좋다고 하였다.

그런데 예관禮官 한 사람이 이렇게 반려하는 것이 창피하다고 생각했던 것 같다. 그래서 이 문제를 한사코 붙들고 머뭇거리면서 억지로 생각을 짜내려 했다. 그러나 그 자신은 전반적인 지식이 부족한 데다 해의 운행을 직접 관측해볼 능력도 없었다. 그러니 송사의 당사자들을 찾아다니면서 각각의 장단점을 살펴볼 뿐이었다.

사람들이 아침저녁으로 모여 논의하며 추위와 더위 속에 무척 고생했다. 그러나 봄이 가고 또 겨울이 왔건만 끝내 판결을 내리지 못했다. 여러 곳에서 원망과 비난이 쏟아졌다. 마침내 그 예관은 얼굴을 붉히고 물러났다. 결국 내사內史로부터 책임 추궁을 받았다. 이는 명성을 좋아하다 초래한 치욕이다.

제13편 안분지족하라

1. 선조 정후 공의 가르침을 따르라

《예기》에 말했다.

"욕심은 내키는 대로 부려서는 안 되고, 뜻은 채워서는 안 된다."

우주는 끝까지 가볼 수 있을지는 모르지만 사람의 타고난 성정은 그 끝을 알 수 없다. 그러므로 오로지 욕심을 줄이고 만족을 아는 데에 그 한계를 세워야 한다.

우리 집안의 9세조 정후靖侯 공께서 자식과 조카들에게 훈계하셨다.

"우리 집안은 서생 집안으로서 대대로 부귀한 이가 없었다. 지금부터 벼슬은 녹봉이 2천 석을 넘어서는 안 된다. 혼인은 세도 있는 집안을 탐하지 말라."

나는 평생 조상님의 말씀을 가슴속에 간직하면서 명언이라고 여겨왔다.

※〈편역자 생각〉

중국의 관제는 3공三公과 9경九卿이 고위직이었다. 이 둘을 합쳐서 '공경公卿' 또는 '대관大官'이라고 불렀다. 녹봉 2천 석은 연봉이 쌀 2천 석이라는 의미이다. 이는 구경九卿이 받는 녹봉이다. 그러니 녹봉 2천 석도 크게 출세한 것이다. 조선으로 치면 3정승 6판서에서, 6판서 자리에 해당한다. 오늘날로 치면 장관급이다. 안지추 선생은 후손들에게 노력하여 최고로 출세하더라도 장관급까지만 올라가라고 한 것이다. 그런데 뒤에 나오는 다른 글에서는, 벼슬은 중간 정도가 편하다고 했다. 그러니 편안하게 벼슬하려면 중간 정도에 만족하고, 최고로 목표를 삼는다면 장관급까지만 노려보라고 한 것이다. 아마도 장관급까지는 행정가로서 전문직이므로 해도 되지만, 정승급은 정치적 자리이므로 안 맡기는게 안전하다고 본 듯하다.

2. 생활은 검소하게 하라

천지와 귀신의 도는 모두 가득 찬 것을 싫어한다. 그러니 겸허하게 비우고 덜어내면 해를 면할 수 있다.

사람이 살아가면서 옷은 찬 이슬이나 가려주면 충분하고, 음식은 배고픔을 채워주면 충분하다. 자기 육신 안의 먹고 입는 일에도 사치를 부려서는 안 되는데, 자기 몸 바깥의 일에 무엇 하러 온갖 교만과 사치를 다 부리는가?

주 목왕과 진 시황, 한 무제 등은 부유하기가 천하를 다 가졌고 존귀하기가 천자에 올랐다. 하지만 끝을 모르다가 오히려 스스로를 망쳤다. 하물며 보통의 사인이나 서인들이야 더 말할 나위가 있겠는가?

나는 늘 생각해 왔다. 식구 20명의 집안에 노비는 많아야 20명이 넘어서는 안 된다. 좋은 밭 10경頃에 집은 겨우 비바람이나 가려주면 된다. 수레와 말은 근근이 지팡이나 대신할 정도면 된다. 저축은 수만 전錢 정도로 길흉사나 급한 일에 대비할 정도면 된다.

이보다 많은 경우에는 옳은 일에 흩어 쓰도록 하여라. 이만큼이 못

되더라도 올바른 방법이 아니면 구하지 말아라.

※ 〈편역자 생각〉

1경頃은 넓이가 약 7,370평이다. 조선에서는 '마지기'를 농토 면적 단위로 썼는데, 지방마다 차이가 있으나 대개 1마지기는 200평으로 쳤다. 그러면 1경은 36.9마지기가 된다. 이 정도 농토를 가진 사람이면 중농이다. 안지추 선생이 갖기 바란 10경은 7만 3,700평에 369마지기가 된다. 조선시대로 치면 대농이다. 다만 당시 한 집은 대가족을 기준으로 하니 오늘날과는 다르다. 식구 40명이 먹고 살 농토를 말한 것이다. 오늘날 4인 가족 기준이라면 그 10분의 1로 줄여서 생각해야 한다. 즉 36.9마지기 중농 정도의 농토를 바란 것이다.

3. 벼슬은 중간 정도만 하라

벼슬이 편하려면 중간 지위 이상은 올라가지 말 것이다. 앞으로 쉰 명을 바라보고 뒤로 쉰 명을 돌아보면 좋다. 치욕을 면하기에 충분하고 위태로워질 일도 없다.

이보다 벼슬이 높아지면 곧바로 그만두고, 집안에서 한가로이 지내야 한다.

나는 근래에 황문시랑黃門侍郞이 되었는데 진작에 그만두고 물러났어야 했다. 하지만 그때는 객지에 기탁해서 사는 처지로 비방을 당할까 두려웠다. 또 그만둘 생각은 했어도 그럴 만한 여유가 거의 없었다.

전란 이후로 혼란한 시대 상황을 틈타 요행히 부귀를 얻은 이들을 보았다. 그들은 아침에 권세를 잡았다가 저녁에 구덩이에 파묻히는 화를 당하기도 했다.

또 초하루에는 촉군의 탁씨卓氏나 정정程鄭 같은 부귀를 누리다가 그믐에는 안연顔淵이나 원사原思 같은 가난에 눈물 흘리는 이들이 한둘이 아니었다. 촉군의 탁씨와 정정은 전한의 대표적인 부호였다. 탁씨는 집안이 부유하여 종을 천 명이나 부릴 정도였다. 들판과 못에서 사냥하는 즐거움은 임금과 맞먹을 정도였다. 정정은 제철업을 해서 부유함이 탁씨와 맞먹었다. 반면에 안연은 공자의 수제자로서 너무 가난하여 요절했다. 원사도 공자의 제자로서 빈궁하게 살았다.

조심하여라! 조심하여라! 벼슬이 편안하려면 중간 지위 이상은 올라가지 말아라.

제14편 군대는 되도록 관여 말라

1. 우리 집안은 무예와는 거리가 멀다

안씨顔氏 선조들은 본디 추노鄒魯 지역에 살았다. 노나라는 공자가 태어난 곳이며, 추나라는 맹자가 태어난 곳이다. 안씨는 본디 대대로 유교의 고향에서 살아온 것이다. 그러다가 일부는 나뉘어 제齊 지역으로 들어가서, 대대로 유가의 올바른 도리를 가업으로 삼고 살아온 것이 각종 기록에 두루 나와 있다.

공자의 문인으로 본격적인 학문의 세계에 들어선 이가 72인이다. 그 중에 안씨가 8명이다. 상당히 많은 안씨가 공자의 제자로 이름을 올렸다. 이때부터 우리 안씨 집안은 주로 문인과 학자로서 살게 되었다.

그래서 안씨는 진, 한, 위, 진晉에서 제, 양에 이르기까지 군사를 부리는 장군으로 크게 성공한 사람은 없었다. 춘추시대에 안고顔高, 안명顔鳴, 안식顔息, 안우顔羽 등은 모두 일개 무사였을 뿐이다. 제나라 때 안탁취顔涿聚, 조나라 때 안취顔冣, 한나라 말 안량顔良, 송나라 때 안연지顔延之가 모두 장군의 직책에 있었으나 결국은 패망하고 말았다. 한나라 때 낭郎이었던 안사顔駟는 스스로 무예를 좋아한다고 하였지만 더 이상의 사적은 남아 있지 않다.

안충顔忠은 초왕과 한패가 되었다가 처형되었다. 안준顔俊은 무위武威에서 군대를 일으켰다가 죽임을 당했다. 안씨가 성이 생긴 이래로 깨끗한 지조를 가지지 못한 사람은 오직 이 두 사람뿐이었으며, 모두가 화를 당해 패망했다.

근래 난리 중에 사대부들이 본래 하던 일을 그만두고 무예도 없으면서 간혹 군중을 모아 요행으로 전쟁에서 공을 세우기도 했다. 그러나 나는 몸이 약한 데다가 선대先代를 생각하여 군사를 부리는 일에 대해서는 마음을 접었다.

그러니 자손들은 유념하도록 하라. 공자는 힘이 성문의 빗장을 들어 올릴 정도였다. 그러나 힘센 장사로 알려지지 않았으니, 이것이 곧 성인이라는 증거이다.

내가 요즘 사대부들을 보면 무예가 조금만 있어도 그것을 믿고 의지한다. 하지만 갑옷을 입고 무기를 들고 나가 사직을 지킬 만한 능력은 안 된다. 단지 신분을 감추고 무인 차림으로 나다니면서 멋대로 주먹이나 쓰고 완력을 휘두르는 자들이 있다. 그러다가 크게는 생사의 위험에 빠지고 작게는 치욕을 당하는 경우에 이르게 된다. 그러니 너희들은 무예에는 뜻을 두지 말기 바란다.

2. 문사도 경륜과 지략을 갖춰야 한다

나라의 흥망과 전쟁의 승패는 박학해야 따지며 논할 수 있다. 무사가 아닌 문사라 해서 경륜과 지략이 필요 없는 것이 아니다.

문사도 전쟁 중에는 사령관의 지휘 막사에 들거나 조정에 참석하게 된다. 그때 임금을 위해 지략을 다 짜내어 사직에 도움이 되지 못한다면 군자로서 부끄러운 일이다. 나는 오랫동안 문인들을 보아왔는데, 문인들도 병서를 좀 읽었을 텐데도 군사에 대해서는 경륜과 지략이 거의 없었다.

경륜과 지략이 없는 자가 만약 태평한 시대에 산다면, 왕실을 엿보면서 재앙을 기뻐하고 화를 즐길 것이다. 그러다가 반란의 우두머리가 되어서 선량한 사람들을 속여 그르칠 것이다. 경륜과 지략이 없는 자가 만약 전란의 시기에 산다면, 선동하여 뒤집어엎고 이리저리 설득하고 꾀어서 죽을지 살지도 모르게 될 것이다. 무리하게 서로 우두머리로 추대할지도 모른다.

이는 모두 자신을 위험에 빠뜨리고 일족을 멸망케 하는 재앙의 근원이다. 그러니 조심하고 또 조심할지어다!

3. 무사도 공부를 열심히 해야 한다

다섯 가지 무기를 익히고 말을 잘 타야 무사라 할 수 있다. 오늘날 사대부들은 단지 책만 읽지 않았으면 말도 잘 못 타고 무기도 잘 다루지 못하는데도 무사라고 일컫는다. 하지만 그런 사람은 무사가 아니라 바로 밥통이고 술독이다. 무사도 문사처럼 공부를 열심히 해야 한다. 다만 공부하는 내용이 다를 뿐이다.

제15편 건강하게 살아라

1. 신선술과 일상의 약물 복용

수백 년간 오래 산다는 신선의 일은 모두가 다 거짓일 수는 없다. 다만 사람의 수명이 하늘에 달려 있어, 어쩌면 우리가 신선을 만나기가 어려운 건지도 모른다.

사람이 태어나 세상을 살다 보면, 언제 어디서나 세상과 얽매이게 된다. 젊은 시절에는 양친 공양을 위해 부지런히 일해야 한다. 어른이 되면 처자식 부양의 부담이 늘어난다. 의식 등 꼭 필요한 것들을 얻기 위해 공사로 노역에 내몰리게 된다. 그러니 어떤 사람이 산림에 은둔하여 어지러운 세속으로부터 초연하고 싶다 한들, 그가 그렇게 될 가능성은 천에 하나 만에 하나도 가능성이 없다.

게다가 신선이 되기 위해서는 단약의 제조에 필요한 금과 옥으로 만든 화로와 그릇 등 비싼 도구가 필요하다. 그러나 이런 것들은 가난한 선비가 갖출 수 있는 것이 아니다. 그러니 신선이 되고자 배우는 자들은 쇠털만큼 많지만 신선이 되는 이는 기린 뿔만큼 적다. 그래서 화산華山 아래에는 백골이 풀처럼 널려 있는 것이다. 도대체 신선이 될 가능성이 얼마나 되겠는가?

불교의 교리에 비추어보면, 설사 신선이 된다 해도 결국 언젠가는 반드시 죽게 될 것이다. 도저히 이 세상을 벗어날 길이 없다.

그러니 너희들은 신선술에만 너무 매달리지 않았으면 한다. 다만 건강하게만 오래 살면 된다. 정신을 보양하고, 호흡을 잘 조절하며, 생활을 절제하고, 기온에 잘 적응하면서 살면 된다. 음식을 가려 먹고 약물을 잘 써서 천수를 누리기 바란다. 너희들이 요절하지만 않는다면, 나는 너희들이 신선이 되지 못했다고 해서 전혀 서운하지 않을 것이다.

하지만 신선술과 관계없이 여러 가지 약물 복용법들은 잘만 사용한다면 일상생활에 지장을 주지 않는다. 유견오庾肩吾는 늘 회화나무 열매를 복용했다. 그래서 나이가 일흔이 넘어서도 시력은 작은 글씨를 볼 수 있었고, 수염과 머리카락은 여전히 검었다.

북제 때 업 땅의 조정 신하들 중에는 살구씨나 구기자, 죽대의 뿌리, 삽주, 질경이 중 한 가지를 복용해서 득을 본 사람들이 아주 많았다. 일일이 다 얘기할 수가 없을 정도이다.

나는 일찍이 이가 아파서 흔들리며 빠지려 하고, 차고 더운 것을 먹거나 마시면 늘 치통으로 괴로웠다. 《포박자》에서 치아를 단단하게 하는 법을 보았더니, 아침에 이를 300번 두드리면 좋다고 했다. 며칠 그대로 하였더니 바로 효험이 있었다. 지금도 내내 그렇게 하고 있다. 이러한 사소한 방법들은 알아두면 손해 볼 일도 없고 하니 잘 익혀놓을 만하다.

만약에 너희들이 약을 먹으려고 한다면, 약물 복용법이 도은거陶隱居의 《태청방太清方》 중 총록總錄에 잘 완비되어 있다. 하지만 반드시 꼼꼼하게 살펴보아야지 대충 훑어봐서는 안 된다.

근래 애주愛州 사람 왕씨가 업 땅에서 송진 복용법을 배웠으나 절제를 하지 못해서 장이 막혀 죽었다. 이처럼 약으로 잘못된 이들이 아주 많다.

2. 양생도 심신이 살고 난 다음에 하라

양생을 하는 사람은 먼저 화禍를 조심하여 몸을 보전하고 생명을 지켜야 한다. 먼저 목숨을 부지한 다음에야 양생도 가능하다. 죽고 나면 신선이 무슨 소용이 있겠는가. 그런데 사람이 사는 것은 몸 안과 몸 밖이라는 두 가지가 다 살아야 한다.

선표單豹는 몸 안을 양생하였지만 바깥을 잃었다. 그는 바윗굴에서 살며 물만 마시면서 사람들과 이득을 다투지 않았다. 그래서 일흔 살에도 안색이 아이와 같았다. 그러나 범을 만나 굶주린 범에게 잡아먹혔다.

장의張毅는 몸 바깥을 양생하였지만 안을 잃고 말았다. 장의는 드나들지 않은 권문세가의 집이 없이 처세에 힘썼다. 그러나 마흔 살에 내열병으로 죽고 말았다.

선대의 현인들이 조심하라고 했던 사례들이다. 양생은 사람의 몸 안과 몸 밖을 모두 잘 다스려야 한다.

혜강은 〈양생론〉을 지었지만 남들에게 도도하게 굴다가 사형을 당했다. 석숭은 단약 복용의 효험을 바랐지만 탐닉하다가 화를 당했다. 모두가 지난 시대의 미혹한 일들이다.

3. 구차한 삶보다는 떳떳한 죽음을 택하라

생명은 아끼지 않으면 안 되지만 또한 구차하게 아껴서는 안 된다. 위험한 길을 걷고 재앙을 초래할 일에 간여하다가 탐욕으로 생명을 손상시키고 사특한 일로 죽음에 이르는 사람들이 있다. 이것은 군자가 안타까워할 일이다.

충효를 행하다가 죽임을 당하고 인의를 실천하다가 죄를 얻는다면 군자는 부끄럽지 않다. 또 자신을 던져 집안을 보전하고 몸 바쳐 나라를 구한다면 군자는 운명을 탓하지 않는다.

나는 나라가 어지러워진 이래로 명신과 현사들이 난리통에 삶을 구하려다 끝내 건지지도 못하고, 단지 곤욕만 치러 남의 분통을 터지게 했던 일들을 보아왔다. 장군 후경이 양 무제에게 반란을 일으켜 쳐들어왔을 때, 왕공과 장상들로서 치욕을 당한 이들이 많았다. 또 비빈과 공주, 희첩들도 온전한 이가 거의 없었다.

오로지 오군태수였던 장승張嵊만이 의병을 일으켰다가 이기지 못하고 적들에게 죽임을 당했지만 말씨와 표정에 굽힘이 없었다. 파양왕鄱陽王 세자의 사씨謝氏 부인 같은 경우 지붕에 올라가 꾸짖고 화를 내다가 화살에 맞아 죽었는데, 그는 사준謝遵의 따님이었다.

어찌 어질고 지혜롭다는 사대부들은 바른 품행이 이렇게 어렵고, 아녀자들은 단호한 결단이 이리도 쉬울까? 슬프도다! 너희들은 구차한 삶보다는 떳떳한 죽음을 택하거라.

제16편 불교 신앙

1. 불교 신앙의 권유

전세·현세·내세가 있다는 삼세의 교리는 믿을 만하고 증거가 있다. 그래서 우리 집안에서 대대로 불교를 신봉해왔으니 가볍게 여겨서는 안 된다.

불교의 오묘한 원리는 불경과 그 해설서에 다 나와 있다. 여기서 내가 굳이 반복하지는 않겠다. 또 따져 서술할 것도 별로 없다. 다만 너희들의 신앙이 아직 굳지 못했을까 봐 간략히 거듭 불교 믿기를 권할 뿐이다.

2. 불교의 본질

본디 4진四塵과 5음五陰은 현상의 세계를 분석하는 용어이다. 4진에서 '진塵'은 중생의 마음을 더럽힌다는 뜻이다. 그것은 색色, 향香, 미味, 촉觸이다. 5음은 '5온五蘊'이라고도 하는데, '온蘊'은 집합의 뜻이다. 그것은 색色, 수受, 상想, 행行, 식識이다. 이러한 네 가지와 다섯 가지 요소를 가지고 인간은 의식 작용을 한다.

6주六舟와 3가三駕는 중생을 피안으로 실어 나르는 도구이다. 6주는 '6도六度' 또는 '6바라밀'이라고도 한다. 보살이 생사의 고해를 넘어 피안의 열반에 이르기 위해서 해야 할 여섯 가지 수행이다. 그것은 보시普施, 지계持戒, 인욕忍辱, 정진精進, 선정禪定, 지혜智慧이다. 3가三駕는 '3승三乘'이라고도 하는데, 세 가지 탈것이다. 깨달음에 이르는 세

가지 실천법을 이른다.

온갖 행위는 공空으로 귀결되고, 부처님의 온갖 법문은 선善으로 들어간다. 그러니 불교 설법의 솜씨와 지혜가 어찌 유가의 7경이나 제자백가의 해박함 정도에 그치겠는가? 분명 요·순이나 주공·공자가 미칠 바가 아니다. 유가의 7경은 《시경》, 《서경》, 《예기》, 《악경》, 《주역》, 《춘추》의 6경에 《논어》를 더한 것이다. 그러나 불경은 양으로 보자면 그보다 훨씬 많다. 또 질로 보아도 그보다 훨씬 뛰어나다.

불교와 유교의 두 종교는 본래 하나였다. 그 깨달음의 과정이 점진적이냐 그렇지 않으면 처음부터 종극의 경지가 열려있느냐에 차이가 있다. 또 교리의 깊고 얕음이 다르다.

불교는 초보 단계에 다섯 가지 금하는 계율을 두고 있다. 이는 모두 유교의 인仁·의義·예禮·지智·신信과 부합한다. '인'은 살생하지 말라는 계율이고, '의'는 도둑질하지 말라는 계율이고, '예'는 사특邪慝하지 말라는 계율이고, '지'는 술을 마시지 말라는 계율이며, '신'은 망언하지 말라는 계율이다.

불교에서는 사냥, 전쟁, 잔치, 형벌 등을 하지 말라고 한다. 하지만 이것들은 백성들의 본성이라서 갑자기 없앨 수가 없다. 그러므로 절제하고 지나치지 않도록 해야 한다.

우리는 주공과 공자에게 귀의한다. 그런데 그보다 훌륭한 석가의 큰 가르침을 등진다는 것은 얼마나 어리석은 일인가!

3. 불교에 대한 다섯 가지 비난

세상에서 불교를 비난하는 사람들이 있다. 그들은 대체로 다음 다섯 가지 이유를 들어 불교를 비난한다.

첫째, 불교의 교리가 말하는 세계는 현실세계 바깥의 일이며 너무나 신비하고 변화무쌍해서 허황하다는 것이다.

둘째, 길흉화복이 간혹 인과응보로 나타나지 않아서 거짓이라는 것이다.

셋째, 승려가 불도 닦는 일에 순수하게 정진하지 않고 간특奸慝하다는 점이다.

넷째, 불교 신앙이 금은보화를 낭비하고 세금과 부역負役을 소모하여 나라에 손실을 입힌다는 점이다.

다섯째, 설사 인연이란 것이 있어 선악에 응보가 있다 하더라도, 어떻게 현세에서 고달픈 갑이 후세의 을에게 이롭고 보탬이 될 수가 있느냐는 것이다. 그냥 이들은 다른 사람일 뿐이라는 비난이다.

이런 비난에 대해 내 나름대로 아래에 모두 해명해보겠다.

4. 허황하다는 비난에 대한 해명(1)

첫 번째 비난에 대한 해명이다.

아득히 큰 사물은 어떻게 측정할 수 있을까? 지금 사람이 아는 것으로 천지만큼 큰 것은 없다. 하늘은 기가 쌓인 것이요, 땅은 흙덩이가 쌓인 것이다. 해는 양의 정화精華요, 달은 음의 정화요, 별은 만물의 정화다. 이것이 유가의 일반적인 생각이다.

별이 떨어지면 돌이 된다. 정화가 만약 돌이라면 빛을 가질 수 없으며, 그 성질 또한 무거운데 어디에 매달려 있는 것일까? 별 하나의 직경은 큰 것은 백 리가 되고, 별자리 하나의 끝에서 끝까지 거리는 수만 리나 된다.

백 리나 되는 사물이 수만 리 거리를 두고 이어져 있으면서, 넓이나 각도가 일정하고 늘어나거나 줄어들지도 않는다. 또 별과 해·달은 형태와 색깔이 같으면서 단지 그 크기에서 차이가 날 뿐이니, 그렇다면 해와 달 또한 돌일 수밖에 없다.

돌은 굳고 단단한데 까마귀와 토끼가 어떻게 거기서 살 수 있을까? 돌이 하늘의 기氣 속에서 있으면서 어떻게 홀로 움직일 수 있을까?

만약에 해와 달과 별이 모두 기로 되어 있다면, 기체는 가볍고 뜨기 때문에 당연히 하늘과 어우러져 움직이고 회전하면서 서로 어긋나지 않으며, 그들 간의 속도 역시 이치상으로는 같다. 그런데 해와 달, 오성과 28수에는 어째서 각각 움직이는 도수가 있어서 이동하는 것이 서로 다를까? 어떻게 기체로 떨어지다가 갑자기 돌로 변하는 것일까?

땅은 탁한 찌꺼기들이 모인 것이므로 응당 두텁게 가라앉아 있어야 한다. 그런데 땅을 파면 샘이 나오는 것으로 보아 땅은 물 위에 떠 있다. 물이 쌓인 그 아래에는 또 무엇이 있을까? 강과 수많은 골짜기들은 어디서 생겨났을까?

강물이 동쪽으로 흘러 바다에 이르면서 왜 넘치지는 않을까? 발해 동쪽으로 몇 억만 리 되는지 모를 곳에 밑 빠진 커다란 골짜기인 '귀당歸塘'이 있다는데, 그 물은 어디로 새어 나가는 것일까? 또 바다 깊은 곳은 바닷물이 빠져나간다는 '미려尾閭'가 있다는데, 그 물은 어디로 가는 것일까?

동해에는 남쪽으로 3만 리 되는 곳에 옥초산沃焦山이라는 거대하고 뜨거운 바위가 있는데, 바닷물을 아무리 뿌려도 바로 증발해버린다고 한다. 옥초산의 바위가 타는 것은 어떤 기운일까? 밀물과 썰물이 나갔다 들어왔다 하는 것은 누가 조절을 하는 것일까?

은하수는 하늘에 매달려 있으면서 어떻게 흩어져 떨어지지 않을까? 물은 성질이 아래로 흐르게 마련인데, 어떻게 위로 올라가는 것일까?

태초에 천지가 개벽하면서 하늘에는 별자리가 있었지만, 지상에는 구주九州가 아직 획정되지 않았고 열국들도 나누어지지 않았다. 그런데 이 별자리들은 구역을 나누어서 어떻게 운행되었을까?

봉건이 이루어진 후에는 별자리는 누가 주재할까? 열국들 중에는 늘어난 것도 있고 줄어든 것도 있지만 별자리는 더 늘거나 줄지 않았고, 길흉화복도 그 가운데 아무런 차이가 없다.

천체는 광대하고 별들은 무수한데, 이 별들과 연관된 지상의 분야는 어찌 중국하고만 연계되어 있을까? 묘昴는 '모두旄頭'라고 하는데, 흉노의 별자리이다. 그렇다면 서호西胡, 동월東越, 조제彫題, 교지交趾만 배제되었다는 것인가?

이런 것에 대해 해답을 구하여도 여태 제대로 가르쳐주는 사람이 없었다. 공자도 그에 대해서는 말하지 않았다. 어찌 사람 세계의 보통 상식을 가지고 우주 바깥의 것을 알 수가 있겠는가? 유교만으로는 우주 바깥의 신비하고 변화무쌍한 일은 알 수가 없다. 그래서 우주를 설명해주는 불교가 가치가 있는 것이다.

※ 〈편역자 생각〉

유교는 눈에 보이는 현실 세계만 논한다. 현실계보다 큰 공간인 우주에 대해서는 설명하지 않는다. 또 현실계를 벗어난 시간인 전생과 내세에 대해서도 설명해주지 못한다. 그래서 유학자 중에도 현실계를 넘어 그보다 더 큰 시간과 공간에 관심을 가진 사람들이 생겨났다. 불교는 그들에게 현실계 밖의 시간과 공간을 설명해주는 가르침이었다. 그래서 중국이나 조선에서 국가 이념은 유교였지만 국민 개인들은 불교를 많이 믿은 것이다. 오늘날은 우주에 대해서는 천체물리학이 잘 설명해준다. 하지만 전생과 내세에 대해서는 여전히 자연과학이 설명해주지 못한다. 그렇기 때문에 종교로서 불교의 가치는 오늘날에도 여전히 유지되는 것이다.

5. 허황하다는 비난에 대한 해명(2)

사람들이 믿는 것은 오직 귀로 듣고 눈으로 보는 것뿐이다. 사람은 자신의 귀로 듣고 눈으로 보는 것 외에는 모두 의심한다.

유가에서 천체를 설명하는 방식에는 본래 몇 가지가 있다. 혼천설渾天說, 개천설蓋天說, 선야설宣夜說, 안천설安天說 등이다.

혼천설에서는 천체의 모양이 둥글다고 한다. 하늘과 땅의 관계는 알껍질이 노른자위를 품고 있는 것과 같다고 한다.

개천설에서는 하늘은 삿갓과 같고 땅은 쟁반을 엎어놓은 것 같다고 한다. 하늘과 땅 모두가 가운데가 높고 바깥이 낮다고 한다. 그리하여 해와 달, 별들은 하늘의 덮개를 따라서 운동한다고 한다.

선야설에서는 별들이 절로 허공에 떠 있고 어디에 매인 곳이 없다고 한다.

안천설에서는 하늘과 땅은 그 끝이 없고 무한하다고 한다. 땅은 아래에 있어서 움직이지 않고, 하늘은 위에 있어 영구히 안정된다고 한다.

천체는 북두칠성의 두병斗柄을 축으로 회전한다. 두병은 북두칠성의 손잡이 부분에 해당하는 세 별이다. 옥형玉衡, 개양開陽, 요광搖光

이다. 5, 6, 7번째 별이다. 북두칠성의 두병에 매달아 전체를 돌아가게 만드는 8가닥의 끈이 있는데 이를 '관유管維'라고 한다. 만약 우리 인간이 이런 두병이나 관유를 직접 보았다면 천체를 설명하는 견해가 이렇게 다를 수 있겠는가? 만약 추측한 것이라면 어떻게 믿을 수가 있겠는가?

어떻게 보통 사람들의 억설은 믿으면서, 석가모니 같은 대성인의 오묘한 뜻은 의심하는가? 불교는 갠지스 강의 모래알만큼 무한한 세계가 있다고 한다. 또 가는 먼지의 수만큼 무한한 시간이 있다고 한다. 이러한 거대한 우주의 이야기를 전혀 알지도 못하는 사람들이 어떻게든 부정하려고만 하는가?

음양오행설을 주장한 추연鄒衍도 구주九州를 이야기했다. 세상은 작은 바다로 나누어진 구주九州로 이루어져 있다고 한다. 중국은 그 중 81분의 1밖에 되지 않는다고 한다.

산속에 사는 사람은 나무만큼 큰 물고기가 있다는 것을 믿지 않으며, 바닷가에 사는 사람은 물고기만큼 큰 나무가 있다는 것을 믿지 못한다.

한 무제는 끊어진 활시위를 잇는 아교가 있음을 믿지 않았다. 위 문제는 불에 타지 않는 옷감이 있음을 믿지 않았다. 호인胡人들은 비단을 보고도 벌레가 나뭇잎을 먹고 실을 토해내어 만들어진 것임을 믿지 못한다.

예전에 강남에 있을 적에는 사람들이 하북에 천 명이 들어가는 천막이 있다는 것을 믿지 않았다. 하북에 와보니 사람들이 강남에 2만 곡斛을 싣는 배가 있음을 믿지 않았다. 이 모두 실제로 내가 겪은 일이다. 세상에는 우리가 상상하지 못할 세계가 있는 것이다.

6. 부처님의 신통한 감응력

세상에는 무당이나 마술사들도 잠깐 사이에 온갖 조화를 부릴 수 있다. 불을 밟고 칼날 위에 올라서거나, 오이를 심어 금방 열매를 맺게 하고, 우물을 옮기는 등 보통 사람은 상상도 못할 일을 하기도 한다.

하물며 부처님의 신통한 감응력으로 무엇을 못 하겠는가? 높이 천 리의 보당寶幢을 못 만들겠는가? 가로세로 800km 정도의 법좌法座를 못 만들겠는가? 또 중생의 세상을 정토로 바꾸어내거나 신비한 탑을 솟아오르게 하는 일 따위가 불가능한 일이겠는가?

7. 인과응보에 대한 해명

두 번째 비난에 대한 해명이다.

인과응보에 대해서는 사람에 따라 믿기도 하고 비난하기도 한다. 그런데 인과응보의 증험들 중에는 마치 몸체에 따라오는 그림자나 소리에 이어지는 메아리처럼 귀로 들리고 눈에 보이는 분명한 사례들도 이미 많다.

간혹 정성이 깊지 못하거나 업연業緣을 아직 느끼지 못해서 때로는 시간이 걸리는 경우도 있다. 하지만 결국에는 응보를 받게 되어 있다. 선을 행하느냐 악을 행하느냐에 따라 화나 복이 돌아간다.

인과응보에 대해서는 유가, 도가, 음양가, 법가, 명가, 묵가, 종횡가, 잡가, 농가의 9개 학파가 모두 동의했다. 그런데 어찌 불경만 허망하다고 하는가?

총명했던 항탁項橐과 안회顔回는 요절했다. 또 청렴했던 백이伯夷와 원헌原憲은 춥고 배고팠다. 반면에 큰 도적이었던 도척盜跖과 장교莊蹻는 복을 누리며 장수했다. 또 무도했던 제 경공과 송 경공의 총신이던 환퇴桓魋는 부유하고 권세가 높았다.

이런 것을 보고 인과응보를 의심할 수도 있다. 하지만 이런 일들은 전생의 업과 인연 때문에 일어났다고 이해하면 된다. 현세에 선업을 쌓으면서 후생을 기대한다면 인과응보를 의심하지 않게 될 것이다.

선을 행하였는데도 뜻하지 않은 화의 응보를 당하기도 하고, 악을 행하였는데도 간혹 복의 조짐을 보기도 한다. 만약 이대로 끝난다면 바로 원망과 비난이 생겨나 인과응보의 가르침은 속임수가 되고 말 것이다. 그렇게 되면 또 요·순 임금의 말씀도 허튼소리가 되고 말 것이다. 주공과 공자도 진실하지 못한 분이 되고 말 것이다. 즉 인과응보를 부정한다면 유교의 가르침도 부정되는 것이다. 그러니 무엇을 믿고 의지하며 입신하려고 하겠는가?

8. 승려의 부정한 행실에 대한 해명

세 번째 비난에 대한 해명이다.

천지가 개벽한 이래로 착하지 않은 사람이 많고 착한 사람은 적었다. 그런데 어찌하여 승려만 모조리 다 정결하기를 요구하는가?

사람들은, 이름난 고승의 드높은 행실을 보고서는 내버려두고 아무 말도 하지 않는다. 그러면서 평범한 승려가 시속에 휩쓸리는 것을 보면 바로 비난하고 물의를 일으킨다.

또 배우는 사람이 부지런하지 못한 것이 어찌 가르치는 사람의 잘못이겠는가? 속된 승려가 불경과 계율을 배우는 것이나, 선비가 《시경》과 《예기》를 배우는 것이나 무엇이 다른가? 《시경》과 《예기》의 가르침으로 조정의 관리들을 심사한다면, 행실이 온전한 사람은 거의 없을 것이다. 그런데 불경과 계율을 가지고 출가한 승려들을 심사해서, 유독 그들에게만 한 가지도 어긋남이 없기를 요구한다는 것이 말이나 되는가?

또 행실이 모자란 신하도 녹봉과 지위를 구하면서 그다지 부끄러워하지 않는다. 그렇다면 금하는 계율을 어긴 승려라고 어찌 공양을 부끄러워하겠는가?

승려가 계율을 지켜 수행해나가다 보면 때로는 어길 때도 있는 법이다. 한번 법복을 입어 승적에 오르고 나면 지켜야 할 많은 재계, 강설, 송경誦經, 계율 지킴 등이 일반 사람들과 견주어보면 산과 바다에 비할 정도가 아니다.

9. 국력을 소모한다는 비난에 대한 해명

네 번째 비난에 대한 해명이다.

불교 신앙에는 여러 가지 믿는 방법이 있다. 출가는 그 중 한 가지 방법일 뿐이다. 만약 마음속에 능히 충성과 효도를 지니고 어짊과 자비를 근본으로 삼을 수 있다면, 꼭 수염을 깎고 삭발할 필요는 없다. 재가불자였던 수달장자水達長者나 유수장자流水長者처럼 살아도 된다. 어찌 굳이 논밭을 다 없애 불탑과 사원을 세우고, 집안을 다 비우면서 승려가 될 것까지야 있겠는가?

법을 어긴 사찰에서 백성들의 농사를 방해하고 일 없는 승려들이 나라 세금을 거덜낸다는 말은 나도 들었다. 하지만 그런 것은 결과적으로 위정자들이 사찰을 제대로 통제하지 못했기 때문이다. 부처님의 본래 취지가 아니다. 어찌 부처님이 그렇게 시켰겠는가.

또 다른 측면으로 논해볼 것 같으면, 개인의 일과 나라의 일은 양립

할 수가 없다. 사람이 불도에 귀의하여 절로 가서 승려가 되기도 한다. 그렇게 하면 나라에 세금과 노역을 바치지 못해 나라에는 손실이 된다. 하지만 개인이 자신의 행복을 위하여 사는 삶을 막을 수는 없다.

충신은 임금을 따르느라 부모를 버리기도 한다. 반대로 효자는 집안의 안녕을 위해 나라를 잊기도 한다. 그러니 집안일과 나랏일은 양립할 수가 없는 것이다. 반드시 어느 한쪽만이 옳다고 할 수는 없다. 각기 정당한 행동이다.

유학을 공부하는 사람 중에는 왕이나 제후에게 굽히지 않고 유학을 숭상하는 이가 있다. 그런가 하면 왕이나 재상의 지위를 사양하면서 세상을 피해 산림에 은거하는 이도 있다. 모두 훌륭한 이들이다.

그러니 어찌 출가한 이들이 바쳐야 할 세금이나 노역을 따져 죄인으로 치겠는가? 그들이 불교 신도들에게 미치는 좋은 감화는 어떻게 보면 나라에 도움이 된다.

만약 백성들을 모두 감화시켜 다들 불교의 세계에 들어오게 만들 수 있다면, 오묘한 즐거움으로 가득한 극락세계나 무력과 살육이 없는 전륜성왕轉輪聖王의 나라가 될 것이다. 그렇게 된다면 저절로 자라는 벼와 아무리 써도 비지 않는 보물창고가 있게 될 것이다. 그러니 어찌 힘들게 농사짓고 누에 기르는 이익을 구하겠는가?

10. 내세의 존재에 대한 해명

다섯 번째 비난에 대한 해명이다.

육신은 비록 죽어도 정신은 여전히 남는다. 사람이 세상에 살면서 다음 생에 대해 생각해보면 연속될 것 같지 않을 것이다. 하지만 죽고 나면 전생과는 마치 젊은 시절과 노년 시절이나 아침과 저녁과 같을 뿐이다.

세상에는 혼령이란 것이 있어서 꿈에 나타나기도 한다. 때로는 몸종에게 내리거나 때로는 처자식에게 감응하여, 먹을 것을 찾기도 하고 도움을 구하기도 하는 일들이 적지 않다.

오늘날 사람들은 빈천하고 고생하면 다들 전생에 공업을 닦지 않은 것을 탓하며 원망한다. 이것으로 볼 때 어찌 내세에 대한 대비를 하지 않을 수 있겠는가?

자손이란 본래 천지간에 존재하는 하나의 생명일 뿐 자신과 무슨 상관이 있겠는가. 그런데도 우리는 단지 핏줄로 이어졌다는 것 때문에 자손을 아끼고 보호하며 살아갈 기반을 물려준다. 하물며 자신의 영혼은 육신만 바꾸어 그대로 유지되는 것이다. 자기 영혼의 미래를 위해 아무것도 하지 않고 그냥 내버려 두면 되겠는가?

보통 사람들은 몽매하여 미래를 보지 못하기 때문에, 저승에서의 삶은 이승과 무관하다고 한다. 만약 미래를 내다보는 하늘의 눈을 가졌다면, 시시각각으로 사라짐에 따라 끊임없이 새 생명이 태어나는 것을 잘 볼 수 있을 터이다. 그러니 어찌 내세가 두렵지 않겠는가?

또한 군자는 세상을 살면서 능히 극기복례克己復禮하여 시대를 바로잡고 만물을 이롭게 하는 것을 중요하게 여긴다. 집안을 다스리는 사람은 온 집안이 행복하기를 바란다. 또 나라를 다스리는 사람은 온 나라가 부강해지기를 바란다.

그런데 집안의 하인들이나 나라의 신하들과 백성들은 자신과 결국 무슨 친분이 있다고 군자는 그들을 위해 부지런히 일하고 덕을 닦는가? 이렇게 생각한다면 요임금과 순임금, 주공과 공자 역시 남들을 위하다가 자신의 즐거움만 헛되이 내버린 셈일 뿐이다.

한 사람이 불도를 닦으면 얼마나 많은 사람을 구제할 수 있을까?

또 몇 생애의 죄과에서 벗어나게 해줄 수 있을까? 부디 깊이 생각해 보기 바란다.

너희들은 세속적인 생각에 따라 가문을 세우고 처자식을 버리지 못하니 출가하지 않아도 된다. 그렇다면 계율을 지키며 수행을 하고 불경을 외우는 일에라도 유념하여 내세로 건너가는 나루나 다리로 삼도록 하여라. 윤회의 관점으로 보면 사람으로 태어난 것은 얻기 어려운 기회이니 부디 헛되이 흘려보내지 않도록 하여라.

11. 살생을 멀리하라

유가의 군자는 늘 부엌을 멀리해야 한다. 왜 그러는가? 살아있는 가축의 모습을 보고서는 차마 그 죽음을 보지 못하고, 죽을 때 내는 소리를 듣고 차마 그 고기를 먹지 못하기 때문이다.

공자의 제자인 고시高柴와 후한 때 절상折像은 불교를 몰랐지만 살생하지 않았다. 이들은 벌레를 죽이지 않았고 새싹을 꺾지 않았다. 이는 바로 어진 사람의 자연스러운 마음 씀씀이다.

생명을 지닌 것들은 모두 목숨을 아까워하지 않는 것이 없다. 그러니 너희들은 살생하는 일에서 벗어나도록 반드시 노력해야 할 것이다.

살생을 좋아하는 사람은 죽음에 임하여 응보의 증험이 나타난다. 또 자손들도 재앙을 당한다. 그런 사례는 참으로 많아서 일일이 다 기록하기도 힘들다. 아래에 몇 가지 사례만 들어보겠다.

12. 머리카락 속 병아리들의 원성

양나라 때 어떤 사람이 늘 달걀 흰자를 이겨서 머리를 감았다. 머릿결에 광택이 난다며 머리를 감을 때마다 달걀 2, 30개씩을 썼다. 그가 죽을 때에 머리카락에서 수천 마리의 병아리가 삐약거리는 소리가 들렸다.

13. 드렁허리 머리로 태어난 아이

강릉 사람 유씨는 물고기인 드렁허릿국 파는 일을 생업으로 삼았다. 뒤에 아이를 하나 낳았는데, 머리는 드렁허리 모습이었고 목 아래만 겨우 사람 모습이었다.

14. 죽은 양의 복수

왕극王克이 영가의 군수로 있을 때 일이다.

어떤 사람이 양을 보내와, 손님을 모아 잔치를 벌이려고 했다. 그런데 양을 묶은 줄이 풀리자, 그 양이 어떤 손님에게 다가왔다. 그러더니 먼저 무릎을 꿇고 두 번 절하고 나서 곧바로 품안으로 들어갔다.

이 손님은 끝내 그 일을 남에게 이야기하지 않았고, 살려주자는 요청도 전혀 하지 않았다. 잠시 후 양을 잡아 국을 끓여서 먼저 그 손님에게 돌렸다. 그 손님이 고기 한 점을 입에 넣자, 그 고기가 바로 피부 속으로 들어가 온몸을 돌아다녔다. 그 손님이 아파서 비명을 내지르면서 그제서야 그 이야기를 했다. 결국 그는 양 우는 소리를 내며 죽고 말았다.

15. 죽은 소의 앙갚음(1)

양 원제가 강주에 있을 때의 일이다.

어떤 사람이 망채현의 현령이 되었다. 유경궁劉敬躬의 난을 겪으며 관아가 불타서, 사찰에서 지내게 되었다.

백성들이 소와 술을 가지고 와서, 현령에게 예를 표했다. 현령은 소를 사찰 기둥에 매어놓았다. 그리고 불상을 가리고 상을 펴서 자리를 마련하고서 법당에서 손님들을 맞았다.

그런데 사람들이 소를 채 잡기 전에 고삐가 풀려서 섬돌 앞까지 와서 현령에게 절을 했다. 현령은 그저 크게 한번 웃고는, 옆 사람들에게 소를 잡으라고 명했다.

현령은 소고기를 실컷 먹고 마셔 배가 부르고 취기가 돌았다. 그대로 처마 밑에 누워 잠이 들었다. 잠시 뒤에 깨어나 보니, 온몸에 두드러기가 나 가려워서 긁었는데도 끝내 두드러기가 없어지지 않았다. 그 일로 그는 문둥이가 되어 10여 년을 앓다 죽었다.

16. 죽은 소의 앙갚음(2)

북제 때 봉조청奉朝請 한 사람이 있었다. 집안이 몹시 호사스러웠다. 그래서 직접 소를 칼로 잡아 먹어야만 맛이 있다고 느꼈다.

그가 나이 서른 남짓에 병이 깊이 들었다. 소가 덮쳐오는 것이 크게 보여서 두려움에 떨었다. 또 마치 온몸을 칼로 찌르는 것처럼 비명을 지르며 죽었다.

17. 손목 잘린 자들의 저주

양사달楊思達이 서양군수로 있을 때의 일이다.

그때는 후경의 난을 겪어 나라가 어려웠다. 게다가 가뭄으로 흉년까지 들었다. 굶주린 백성들은 밭에 자라는 밀까지 훔쳐 갔다.

양사달은 사병을 하나 보내어 백성들이 밀을 훔쳐가지 못하도록 감시했다. 그래서 잡아들인 도둑은 바로 손목을 잘랐는데, 형을 당한 자가 10여 명이 넘었다. 그 사병이 뒤에 손이 없는 아들을 낳았다.

18. 죽은 물고기의 역습

강릉 사람 고위高偉는 나를 따라 북제에 들어왔다. 그는 몇 년간 유주의 물웅덩이에서 물고기를 잡아먹었다. 뒤에 병이 들자, 늘 물고기 떼가 자신을 물어뜯는 환영에 시달리다 죽었다.

19. 며느리 구박하는 시부모

세상에는 인의를 알지 못하고 부귀가 모두 천명에서 온다는 것을 모르는 어리석은 사람들이 있다. 자식을 위해 며느리를 얻고, 혼수가 부족하다고 원망을 하는 사람들이 있다. 또 시부모라는 위엄에 기대어, 며느리에게 온갖 못된 성깔을 부리고 모진 말로 험담을 하는 사람도 있다. 또 할 말 못할 말 가리지 않고, 며느리의 친정 부모를 욕하는 사람도 있다. 그리하여 마침내 며느리로 하여금 시부모에게 불효하게 만들면서도, 자신이 남의 원한 살 일을 했다는 사실조차 깨닫지 못한다.

어리석은 시부모는 오직 제 자식만 사랑할 뿐 자기 며느리는 아끼지 않는다. 이러한 사람은 저승에서 그 잘못을 하나하나 기록해서 귀신이 그 수명을 빼앗는다. 그런 사람들과는 이웃하지 않도록 조심해야 한다. 하물며 어찌 교유를 맺겠는가? 상대하지 말고 피하도록 하라!

※ 〈편역자 생각〉

안지추 선생은 앞에서 수많은 귀족이나 벼슬아치들의 잘못을 비판했다. 반면에 이민족 출신 환관의 절개를 칭찬했다. 또 여기서는 며느리를 소중히 하라고 했다. 이처럼 그는 사람을 신분으로 대하지 않고 모두 차별 없이 소중히 대하였다. 다만 그는 사람의 됨됨이와 행실을 보고 그 사람의 우열을 판단하였다. 이런 안지추 선생의 사람 대하는 태도는 우리가 본받아야 할 점이다.

제17편 고전 고증

1. 《시경》의 '행채荇菜'

《시경》〈주남周南 관저關雎〉에 "올망졸망 노랑어리연꽃〔參差荇菜〕"이라는 시구가 있다. 이 '노랑어리연꽃'을 사람들이 잘 몰라서 '마름'과 혼동하고 있다.

의미의 체계를 살피고 이를 사물의 종류에 따라 분류한 최초의 어휘 사전은 《이아爾雅》이다. '이爾'자는 '가깝다'는 뜻이고, '아雅'자는 '바르다'는 뜻으로, 말의 뜻을 이해할 때 가깝고 바른 것을 기준으로 삼아야 함을 의미하는 것이다. 이 책에서는 "행荇은 곧 '마름〔接余〕'이다."고 했다. 행荇은 때로 '행莕'으로도 쓰인다.

예전 유학자들은 모두가 '행채'를 '마름'으로 착각하여, "수초로 잎은 둥글고 줄기는 가늘며, 물의 깊이만큼 자란다."고 했다. 지금도 물이 있으면 어디든 이 물풀이 있다 노란 꽃이 전채蓴菜와 비슷하여, 강남에서는 항간에 '저순猪蓴'이라고도 부른다. 이를 노랑머리연꽃과 혼동하여 더러 '행채'로도 불렀으니, 유방劉芳이 이를 주석한 적이 있다.

하지만 이들은 모두 잘못 안 것이다. 행채는 '노랑어리연꽃'이다. 위에서 말한 것들은 모두 '마름'을 말한 것들이다. 둘은 전혀 다른 식물이다.

하북에서는 일반인들이 대부분 이 물풀을 알지 못하므로, 박사들도 모두가 올망졸망한〔參差〕 것을 '비름〔莧菜〕'이라고 잘못 안다. 그래서 인현人莧을 '인행人荇'이라고도 불렀으니, 이 또한 우습기 그지없다.

※ 〈편역자 생각〉

'제17편 고전 고증'은, 중국 한자나 한자어의 쓰임이 옳고 그름을 따지는 문자 고증학에 해당한다. 이를 '소학小學'이라고도 하는데, 이런 문자 고증은 중국인으로서는 알아야 할 내용이지만 현대 한국인과는 별 관계없는 내용이다. 그러므로 제17편은 위에 든 보기 하나만 소개하고 나머지는 생략하고자 한다.

다만 우리는 안지추 선생이 '제17편 고전 고증'을 따로 한 편으로 만든 이유를 생각해 볼 필요가 있다. 그는 지식인은 자기 나라 국어인 한자와 한자어를 올바르게 사용해야 한다고 후손에게 가르치려 한 것이다. 이것은 우리 한국인들에게도 똑같이 적용할 수 있다. 한국인도 한국어를 올바르게 사용해야 한다. 그런데 한국어 어휘의 60%는 한자어이다. 따라서 한국에서도 지식인이라면 한자를 잘 알고 한자어를 올바르게 사용해야 한다. 외국에서 한국어를 가르치는 한국어 교수들도 이구동성으로 한국어를 잘 하려면 한자 교육이 필수라고 말한다.

일찍이 조선의 실학자 정약용丁若鏞 선생도 그러한 생각에서 《아언각비雅言覺非》(1819)라는 책을 펴낸 바 있다. 조선 후기 당시에 잘못 쓰이고 있던 말과 글을 찾아서 안지추 선생처럼 고증한 책이다.

현대에 들어서도 박갑수朴甲洙 교수는 《우리말 바로 써야 한다 1~3》을 펴냈다. 그 외에도 비슷한 책들이 상당수 나와 있다.

요즘 대한민국은 한글전용으로 한자 교육을 하지 않는다. 그래서 국민이 한자어의 의미를 잘 모르고 잘못 사용하는 현상이 늘어나고 있다. 지식인으로 살려면 한자를 공부하고 한자어를 정확히 사용해야 한다.

요즘 들어 우리나라 사람들의 어휘력이 부족하고 어휘 사용이 부정확하다는 보도가 잇따르고 있다. 이는 한글전용으로 빚어지는 폐해이다. 대한민국 정부가 어문정책을 한글전용에서 국한자 혼용으로 전환하는 것만이 한국인의 국어능력을 높여줄 것이다.

제18편 음사音辭 · 음운音韻

1. 음운학의 역사와 남북 음운의 차이

무릇 중국 각지에 사는 사람들의 언어가 서로 다른 것은 사람들이 생긴 이래 늘 그랬던 것이 분명하다.

《춘추》는 제나라 말로 된 해석의 티가 나고, 〈이소離騷〉는 초나라 어휘로 쓰인 고전으로 여겨졌다. 이는 아마도 언어 차이가 비교적 뚜렷해지는 초기 단계일 것이다.

이후 양웅揚雄이 《방언方言》을 저술하면서부터 이 방면의 논의가 대략 갖추어지기 시작했다. 그러나 이 책은 대부분 사물을 일컫는 이름의 차이만 살피고 있다. 소리 내어 읽을 때 발음의 옳고 그름은 드러내지 않았다.

그 뒤 정현鄭玄이 6경에 주를 달고, 고수高誘가 《여씨춘추》, 《회남자》를 풀이했다. 또 허신이 《설문해자》를 짓고, 유희劉熹가 《석명釋名》을 엮었다. 이때부터 비로소 발음상황을 묘사하여 서술하거나 비슷한 독음자로 바꾸어놓는 방식으로 글자의 발음을 검증했다.

그러나 고대의 언어는 지금의 언어와 차이가 많았다. 그래서 그 사이의 개구음開口音과 합구음合口音, 청음淸音과 탁음濁音의 변화를 여전히 밝힐 수가 없다.

뿐만 아니라 '입 안으로 말한다〔內言〕'느니, '입 바깥으로 말한다〔外言〕'느니, '급하게 말한다〔急言〕'느니, '천천히 말한다〔徐言〕'느니, '……와 같이 읽는다〔讀若〕'와 같이 발음을 설명하는 방식〔注音〕은 지금 사람들로서는 무슨 말인지 알기 힘들다. 그래서 의혹만 더해 왔다.

손숙연孫叔然이 《이아음의爾雅音義》를 처음 지었다. 그는 한나라 말엽의 사람 가운데 홀로 반절법을 깨달았던 것이다. 반절법은 한자 한 글자의 발음을 자음과 모음·받침의 합으로 표현하는 방식이다. 이 반절법 발명 이후로 발음을 표시하기가 편리해졌다. 그래서 위나라 때에 이르러 반절법이 크게 유행했다.

고귀향공高貴鄕公 조모曹髦는 반절법을 이해하지 못하여 괴이하게 여겼다. 그러나 시대가 갈수록 음운에 대한 저술이 잇달아 쏟아져 나오게 되었다.

각 지방 사람들은 저마다 향토 방언의 특색을 담아, 서로 다른 지역 방언을 비방하고 조롱했다. 손가락〔指〕으로 말〔馬〕을 설명하는 것처럼 서로간의 발음 차이를 두고 시비를 가리며 논쟁했다. 그러나 어느 발음이 옳은지는 가리기 어려웠다.

그들은 모두 자기 나라 제왕이 있는 도읍의 언어를 중심으로 사방의 언어습관을 비교했다. 또 옛날과 지금의 언어를 조사하면서 그것들을 서로 절충했다.

이러한 주장들을 검토하며 헤아려보자면 다만 금릉金陵과 낙양洛陽의 표준말이 있을 뿐이다. 금릉은 지금의 남경南京으로서 남부 지방 방언의 중심지였고, 낙양洛陽은 중국 북부에 있는 도시로서 역대 9개 왕조王朝의 수도였으며 북부 지방 방언의 중심지였다.

남방은 풍토가 온화하고 부드럽다. 그래서 이곳의 말소리는 낭랑하고 분명하다. 하지만 얕고 들뜬 듯한 흠이 있으며 비속어가 많다. 그에 반해 북방은 산천이 깊고 두텁다. 그래서 말소리가 탁하고 어눌하다. 하지만 소박하고 자연스러운 장점이 있다. 또 북방 방언에는 고어古語가 많이 남아 있다.

그러나 귀족 계층을 두고 보자면 남방의 말소리가 우월하다. 일반 백성들을 두고 보자면 북방의 말소리가 낫다.

옷을 바꿔 입고 이야기해보더라도, 남방에서는 몇 마디 말만으로 그가 선비 집안 사람인지 서민인지 신분을 알아볼 수 있다. 그러나 북방에서는 담을 사이에 두고 말을 들어보면 벼슬아치인지 농부인지 종일토록 구분하기가 쉽지 않다.

하지만 남방의 말은 이미 오·월 지역의 사투리에 물들어 있다. 또 북방의 말에는 이미 오랑캐의 어휘가 들어와 섞여 있다. 이처럼 북방 방언과 남방 방언 모두 심각한 문제가 있다. 그러나 여기서 이를 자세히 논할 수는 없다.

다만 그 오류 중에 가벼운 것을 몇 개 예로 든다면 다음과 같다.

남방인들은 전錢을 '연涎'이라 발음하고, 석石을 '사射'라고 발음하며, 천賤을 '선羨'이라 발음하고, 시是를 '지舐'라고 발음한다.

북방인들은 서庶를 '수戍'라고 발음하고, 여如를 '유儒'라고 발음하고, 자紫[tsje]를 '자姊[tsjěi]'라고 발음하고, 흡洽을 '압狎'이라고 발음한다.

이런 예들처럼 양쪽 지역에 오류가 아주 많다.

내가 북조를 따라 업성으로 건너왔다. 그 이래, 숙질간인 최자표崔子約·최섬崔贍 두 사람과 형제간인 이조인李祖仁·이울李蔚 두 사람만이 언어 연구에 적으나마 교정 작업을 수행하는 것을 보았다.

이계절李季節은 《음운결의音韻決疑》를 지었으나 때때로 착오가 있었고, 양휴지陽休之는 《절운切韻》을 펴내었으나 아주 거칠었다.

나는 우리 집 아이들이 어려서부터 바른말을 할 수 있도록 지도했다. 한마디라도 잘못하면 이를 나 자신의 불찰로 여겼다.

여러 물품을 말할 때도 책이나 기록을 살펴보지 않고서는 감히 함부로 이름을 부르지 않았던 일들을 너희들은 알고 있을 것이다. 올바른 단어를 말하고 올바른 발음을 하는 것은 선비로서 매우 중요한 일이기 때문이다.

※ 〈편역자 생각〉

제18편 '음사音辭·음운音韻'은 중국어 발음과 관련된 내용들이다. 크게 두 가지 내용이다.

하나는 중국 지방마다 사물의 이름이 다르다는 내용이다. 이것은 중국 방언에 따라 사물을 조금씩 다르게 말하는 사실을 가리킨다. 이는 방언학의 문제이다. 한국도 방언이 있는 건 마찬가지다. 이것은 중국이나 한국이나 표준어를 정해서 그 표준어 단어를 사용하면 해결된다.

다른 하나는 한자 한 음절을 어떻게 발음하는 것이 정확하냐는 문제이다. 이는 음운학의 문제이다. 음운을 고증하여 한자 한 음절의 표준발음을 결정하면 된다.

중국은 땅이 엄청나게 넓으니 방언도 많고 각 지역 발음의 차이도 크다. 그래서 같은 중국인끼리도 말로 소통이 어렵다. 이에 중국 정부는 표준어와 표준발음의 보급을 매우 중요한 국가 통일의 문제로 여긴다. 현재 중국의 표준어는 보통화普通話이다. 보통화는 북방관화北方官話를 기초로 하여 북경어北京語를 표준발음으로 삼는다.

한국은 〈한글맞춤법〉에서 "표준어는 교양 있는 사람들이 두루 쓰는 현대 서울말로 정함을 원칙으로 한다."고 규정한다. 또 표준발음은 〈표준발음법〉에서 "표준 발음법은 표준어의 실제 발음을 따르되, 국어의 전통성과 합리성을 고려하여 정함을 원칙으로 한다."고 규정한다.

오늘날 한국어에서 표준어 보급은 국어교육과 방송을 통해 잘 이뤄지고 있다. 그러나 표준발음 보급은 그렇지 않다. 국어교육에서 표준발음 교육은 거의 하지 않는다. 또 방송도 대부분 표준발음을 잘하지 못하고 있다. 그래서 한국 국민은 표준어는 잘 아는데 표준발음은 잘하지 못하고 있는 실정이다.

한국인이 표준발음을 잘하지 못하는 건 〈표준발음법〉 '제3장 음의 길이'를 구별하지 못해서이다. 세종대왕世宗大王은 훈민정음을 만들면서 모든 글자 옆에 방점傍點을 찍어서 사성四聲을 구별했다. 세종대왕이 사성을 구별하여 훈민정음을 적은 까닭은 그분도 표준발음이 국가 통치에서 매우 중요함을 잘 알았기 때문이다. 그러므로 우리도 그분의 뜻을 이어 표준발음을 하도록 노력해야 마땅하다. 그런데 현재는 사성에서 장음과 단음의 두 가지 구별만 남았다. 단어의 첫음절에서 긴소리와 짧은소리를 구별해서 발음해야 표준발음이다. 그것을 지금 한국인은 잘하지 못하는 것이다.

장단음 구별은 왜 필요한가? 장단음에 따라 의미가 달라지기 때문이다. 예를 들어 긴소리 방화放火(방 : 화)는 '불을 놓음'이고, 짧은소리 방화防火(방화)는 '불을 막음'이다. 소리의 길이에 따라 의미가 전혀 달라진다. 광주廣州(광 : 주)는 경기도에 있고, 광주光州(광주)는 호남에 있다.

장단음 구별은 특히 한자어 의미 구별에서 중요하다. 그래서 한자교육하면서 한자의 장단음을 가르쳐줘야 한다. 그러나 오늘날 한국은 한글전용을 교육하면서 한자를 가르치지 않으니, 한자의 장단음도 가르치지 않는다. 그러니 한국인이 장단음 구별을 하지 못할 수밖에 없다. 즉 오늘날 한국인이 표준발음을 하지 못하는 것은 한글전용 교육에 그 근본 원인이 있는 것이다.

第18편 '음사音辭 음운音韻'은 중국어 발음을 다루므로 우리 한국인과는 별 관련 없는 내용이다. 따라서 2부터는 생략한다. 그러나 중국어에서 발음이 중요한 것처럼 한국어에서도 발음이 중요하다는 사실만은 알아주기 바란다. 국어사전에 긴소리는 새〔鳥〕는 〔새 : 〕로 표시되어 있다. 새〔新〕는 〔새〕인데 단음은 따로 표시하지 않는다. 장단음을 잘 모르겠으면 국어사전을 찾아서 확인해서 표준발음을 하도록 노력해야 한다. 그래야 지식인으로 불릴 자격이 있다.

선진국에서는 표준발음을 매우 중시하여, 표준발음하지 못하면 지식인으로 대접하지 않는다. 영국에서 품위 있는 영어가 사회생활에서 얼마나 중요한지는 오드리 헵번 주연의 《마이 페어 레이디》(1964)에 잘 표현되어 있다. 영국의 BBC 방송은 바로 그 표준영어 발음을 실현하여 전 영국 국민의 발음 교과서가 된다. 그런 구실을 중국에서는 CCTV가, 일본에서는 NHK가 담당한다. 하지만 아쉽게도 한국에서는 KBS도 장단음을 구별하는 표준발음을 잘 하지 못한다. 한글전용이 한국인의 말과 글 양쪽 모두 수준을 떨어뜨리는 원인이다.

한국의 어문정책을 한글전용에서 국한자혼용으로 전환하는 길만이 한국인의 말과 글 수준을 향상시키는 방법이다.

제19편 여러 가지 기예

1. 글씨는 적당히 써라

해서와 초서의 필체는 주의를 기울여 바르게 써야 한다. 강남 속담에 "짤막한 편지는 천 리에 내놓는 얼굴이다."는 말이 있다. 그래서 강남 사람들은 진·송의 유풍을 이어받아 다들 글씨에 힘썼다. 그래서 글씨 때문에 낭패를 당하는 일은 없었다.

나는 어려서 가업을 이어받은 데에다 천성적으로 글씨를 아끼고 소중히 여겼다. 내가 본 서예 책도 꽤 많고, 즐겨 익혀온 공력도 제법 상당했다. 하지만 끝내 명필이 되지 못한 것은 참으로 타고난 소질이 없었기 때문이다.

그렇지만 이러한 기예는 지나치게 뛰어날 필요가 없다. 재주 있는 자는 고달프고 지혜로운 자는 근심이 많다. 늘 남에게 부림을 당하여 더욱더 성가시게 느껴질 것이다.

그러니 명필 위탄韋誕이 유언으로 남긴 가르침은 참으로 일리가 있다. 위탄은 명필이었다. 위 명제가 궁전을 세우고 위탄에게 사다리에 올라가 편액에 글씨를 쓰게 했다. 위탄은 떨면서 글씨를 썼다. 다 쓰고 내려오니 머리털과 귀밑머리가 모두 세어버렸다. 위탄은 자손들에게 다시는 글씨를 배우지 말라고 유언으로 당부했다.

2. 글씨보다는 인품이 중요하다

왕희지王羲之는 풍류 있는 재사였고 성품이 시원시원한 명인이었다.

그렇건만 세상에서는 오직 그의 글씨만 알아주었다. 그러니 글씨 잘 쓰는 것 때문에 도리어 그의 뛰어난 식견과 인품이 가려지고 말았다.

소자운蕭子雲은 늘 탄식하면서 이렇게 말했다. "나는《제서齊書》를 지어 하나의 전범을 엮어내었다. 문장의 광대한 뜻이 스스로도 볼 만하다 하겠다. 그렇건만 왕희지는 오직 필적으로만 명성을 얻었으니 또한 이상한 일이로다."

왕포王褒는 집안의 문벌이 높고 재주와 학식이 뛰어났다. 훗날 비록 포로가 되어 관중으로 들어갔지만 그곳에서도 예우를 받았다. 그러나 글씨를 잘 썼기 때문에 비석들 사이에서 글씨를 쓰느라 늘 고생했다. 그는 일찍이 후회하며 이렇게 한탄했다. "만약 내가 글씨 쓸 줄을 몰랐다면, 오늘 이 지경에 이르지는 않았을 것이다!"

이런 일들로 비추어 볼 것 같으면, 절대로 글씨를 잘 쓴다고 자부해서는 안 된다. 비록 그렇긴 하지만, 비천한 사람들 중에는 글씨 잘 쓰는 것으로 발탁된 이들이 많다. 예를 들어, 장경인張景仁이란 사람은 어릴 때 부친을 여의고 집안이 가난했다. 그런데 글씨 배우는 일을 업으로 삼아 마침내 초서와 예서를 잘 쓰게 되었다. 북제의 세종이 그를 뽑아서 빈객으로 삼았다.

도가 같지 않으면 함께 일을 꾀하지 않는 법이다. 단순히 글씨만 잘 쓴다고 중용되지는 않는다. 글씨보다는 선비로서 인품을 먼저 갖춰야 한다.

3. 왕희지체의 영향력은 영원하다

양나라 무제와 원제는 왕실의 내부 도서관에 책들과 그림과 글씨 24만여 점을 모아서 간직했다. 그러나 장군 후경의 난이 일어나 많이 불타버렸다. 나머지는 다시 서위의 침략으로 모두 불타 사라졌다.

이후에도 나는 왕희지와 그의 아들 왕헌지의 해서와 초서 글씨들을 많이 보았다. 일찍이 집에서 두 왕씨의 글씨 10권을 찾아내어 보게 되었다. 그러고서 비로소 명필로 유명한 도홍경陶弘景과 완연阮研, 소자운蕭子雲의 글씨가 모두 왕희지체에서 연원하였음을 알게 되었다. 그들은 모두 왕희지의 서체를 터득해서 명필이 되었던 것이다.

소자운이 만년에 바꾸었던 글씨체도 바로 왕희지가 젊은 시절에 썼던 필법이었다. 왕희지체의 영향력은 끊임없이 이어진 것이다.

4. 남북조시대 서예의 동향

강남에서는 진·송 이래로 글씨를 잘 쓰는 사람들이 많았다. 그래서 당시 세간에 서로 영향을 받아 각종 서적에서 해서의 정자체가 볼 만하였고, 속자도 없지 않았지만 큰 문제는 아니었다.

양나라 무제 때인 천감(天監, 502~519) 연간에 이르러서도 이 기풍은 변함이 없었다. 그런데 그 후 대동(大同, 535~546) 말엽에 와자訛字와 대체자代替字가 많이 생겨났다.

소자운은 글자 모양을 바꾸어 고쳤고, 소릉왕邵陵王은 변형된 글자인 위자僞字를 상당히 많이 썼다. 조정이나 민간에서 다들 이를 멋있게 보고 따라 하려다 이것도 저것도 아닌 꼴이 되어 글씨가 손상되고 망가진 경우가 많았다. 글자 하나를 썼다는데 오직 점 몇 개만 보일 뿐이고, 때로는 되는 대로 짐작하여 멋대로 글자를 바꾸었다. 그래서 그 이후로 나온 책들은 거의 볼 수가 없을 지경이 되고 말았다.

그 뒤 6세기 말의 북조에서는 전란의 여파로 글씨체가 비루해진 데에다 멋대로 글자를 만들어냈다. 그러니 졸렬함이 강남보다 더 심했다.

그리하여 백百과 념念을 조합하여 우憂를 뜻하는 '𢝊'자를 만들었지만 발음도 알 수 없다. 또 언言과 반反을 조합하여 변變을 뜻하는 '반䛀'자를 만들었다. 또 불不과 용用을 조합하여 파罷를 뜻하는 '용甭'자를 만들었다. 또 추追와 래來를 조합하여 귀歸를 뜻하는 '귀𨒦'자를 만들었다. 또 갱更과 생生을 조합하여 소蘇를 뜻하는 '소甦'자를 만들었다. 또 선先과 인人을 조합하여 로老를 뜻하는 '로𠎭'자를 만들었다. 이와 같은 것이 한두 가지가 아니라 경전 여기저기에 가득했다.

오직 도원표姚元標만이 해서와 예서를 잘 썼고 문자학에도 유의했다. 그래서 후진들 중에 그를 스승으로 삼는 이들이 많았다.

북제 말에 이르러서는 왕실 내부 도서관의 도서를 고치고 베껴 쓰는 일이 전보다 훨씬 나아졌다.

5. 〈화서부畫書賦〉는 가짜다

강남의 민간에 〈화서부〉라는 것이 있는데, 바로 도홍경의 제자인 두도사杜道士가 지은 것이다.

이 사람은 글자도 제대로 모르면서 함부로 서예의 규범을 만들어 스승의 이름을 썼다. 그런데도 세간에서는 진짜로 믿으며 전하고 있으니 후인들이 상당히 오도되고 있다.

6. 그림은 여기餘技로만 그려라

그림을 잘 그린다는 것 또한 오묘한 일이다. 예로부터 명사들 중에는 그림 잘 그리는 사람들이 제법 있었다.

우리 집에 일찍이 양 원제가 손수 매미와 참새를 그린 흰색의 둥근 부채와 말을 그린 그림이 있었다. 따라가기 힘든 훌륭한 솜씨였다.

무열태자武烈太子는 유독 인물 초상에 뛰어나, 좌중의 빈객들을 손 가는 대로 쓱쓱 그리면 바로 몇 사람의 그림이 이루어졌다. 그 그림을 가지고 아이들에게 물어보면 모두 해당 인물의 이름을 알아맞추었다.

소분蕭賁, 유효선劉孝先, 유령劉靈 등은 다들 문학 외에 그림 솜씨 또한 훌륭했다. 고금의 좋은 그림들을 즐겨 보다 보면 특별히 보물로 간직하고 아끼고 싶은 것들이 있다. 그들의 그림은 그런 경지에 이르렀다.

화가 중에 만약 벼슬이 높지 않으면 늘 공사로 부림을 당한다. 그러므로 그림 그리는 일은 글씨 쓰는 일처럼 역시 잡된 일이다. 오현의 고사단顧士端은 상동왕湘東王 번국藩國의 시랑侍郞으로 벼슬을 시작하여, 뒤에 진남부鎭南府에서 형옥참군이 되었다. 아들 정庭은 강릉 정권의 중서사인이었다. 고사단 부자가 모두 거문고와 글씨에 능한 데다가 특히 그림을 잘 그렸다. 그래서 늘 양 원제에게 부림을 당했다. 그들은 매번 부끄럽고 후회하는 마음을 품었다.

팽성彭城의 유악劉岳은 유탁劉櫜의 아들로 표기부의 문서담당과 평씨현령을 지냈다. 재주와 학식이 뛰어난 선비였고 그림이 비할 데 없이 뛰어났다. 뒤에 무릉왕武陵王을 따라 촉으로 들어갔다. 그러나 하뢰下牢의 전투에서 패배하여, 끝내는 육법화陸法和를 위해 지강사支江寺의 벽에 그림을 그렸다. 그때 여러 화공들과 뒤섞여 기거하는 수모를 당했다.

만약 앞에 나온 세 사람이 다들 그림 그릴 줄을 모르고 늘 해오던 일이나 했더라면 어찌 이러한 치욕을 당했겠는가? 그림은 그저 여유 있을 때 취미로나 그릴 일이다.

7. 활쏘기는 기본만 익혀라

활쏘기의 효용은 천하를 위압하는 것이다. 선왕들에게는 이를 통해 덕을 살펴 어진 사람을 가려 뽑는 수단이었다. 또한 자신을 지키는 요긴한 일이기도 했다.

강남에서는 세간의 일반적인 활쏘기를 일컬어 군사적인 활쏘기라고 하면서, 관리나 유생들 대부분은 이것을 익히지 않는다. 내기로 하는 활쏘기는 따로 있다. 약한 활에 긴 화살을 표적에 쏘고 손을 모아 인사하고 양보를 하며 사대射臺를 오르내리면서 예를 행한다. 그러나 이런 활쏘기는 적의 침범을 막는 데는 전혀 도움이 되지 않았다. 그래서 난리 이후로는 이 방법이 없어지고 말았다.

하북의 문사들은 다들 활쏘기에 뛰어났다. 그래서 갈홍葛洪이 전쟁 중에 화살 하나로 추격병을 따돌렸을 뿐만 아니라, 3공과 9경이 모인 연회에서도 늘 영예와 상을 다퉜다.

활쏘기는 이렇게 나름대로 쓸모가 있다. 비록 그러하나 나는 너희들이 가벼운 새를 쏘아 맞히고 날랜 짐승을 쏘아 꿰뚫는 일을 하지 말았으면 싶다.

8. 점술은 거짓이 많다

점술은 과거에 성인이 종사한 일이었다. 하지만 근세에는 더 이상 훌륭한 점술가가 없어서 잘 들어맞지 않는 경우가 많다. 옛날에는 점을 쳐서 미심쩍은 일들을 해결했다. 하지만 요즘 사람들은 점을 쳐서 도리어 미심쩍은 것을 만들어내는 건 왜 그런 것일까?

원칙을 지키고 계획을 잘 세워서 한 가지 일을 실행하려다가, 점을 쳐서 점괘가 나쁘면 도리어 망설이고 두려워하게 된다. 이것이 점술이 해로운 이유리라! 또 열 번 점을 쳐서 예닐곱 번 들어맞으면 고수로 여긴다. 흘짝도 반은 절로 들어맞는 법인데, 어찌 열에 예닐곱 번 맞히는 정도로 신뢰할 수가 있는가? 또 그 예닐곱 번도 점괘의 대의만 대충 맞히면 상세히 따져보지도 않는다.

세간에 "음양을 아는 자는 귀신의 미움을 받아 불행하고 빈궁하며 대부분 편치 못하게 된다."는 말이 전한다. 내가 보건대 근래 점술에서 정묘한 경지에 오른 이는 경방京房, 관로管輅, 곽박郭璞뿐이었다. 다들 벼슬이나 지위가 없었고 재앙을 많이 만났으니 그 말이 그럴 듯하다. 경방은 재주를 시기하는 사람들에 의해서 죽었다. 관로는 마흔여덟에 죽었다. 곽박은 반역을 꾀하는 자에게 죽었다.

현재는 사람을 구속하는 법망이 엄밀한 시대이다. 이런 시대에 위험하게 점술가라는 명성을 듣고 살기가 자칫하면 자신을 그르칠 일이 생기게 될 것이다. 그러니 점술은 역시 화의 근원이다. 그래서 사람들이 별자리나 기후를 관측하는 일을 다들 애써 하려고 들지 않는다.

나는 일찍이 육임식六壬式을 배운 적이 있다. 또 세간에 알려진 점술계 가운데 대가를 만나기도 했다. 또 《용수龍首》, 《금궤金匱》, 《옥령변玉軨變》, 《옥력玉歷》 등 10여 종의 책을 모아서 점술을 연구해보기도 했다. 하지만 아무런 효험을 보지 못했다. 얼마 못 가고 후회하고 그만두었다.

무릇 음양술이란 천지와 함께 생겨난 것이라 그 길흉과 화복을 믿지 않을 수는 없다. 하지만 지금은 성인과 거리가 이미 멀어진데다 세상에 전하는 점술서들의 글이 모두 비속하고 천박한 데다 효험은 적고 거짓된 것들이 많다.

반지일反支日과 귀기일歸忌日은 고대에는 음양오행과 간지법을 결합시켜 금기로 삼은 날이다. 그래서 사람들은 반지일에는 중요한 일을 시작하거나 외출을 하지 않았다. 또 귀기일에는 귀가나 원행, 이사를 하지 않았다고 한다. 그렇지만 반지일에 밖에 나가지 않았지만 끝내 해를 피하지 못한 사람들도 많다. 또 귀기일에 밖에 머물렀지만 흉한 죽음을 면치 못한 사람들도 많다. 그러니 이런 것들은 구속되고 꺼릴 것만 많지 아무런 보탬도 되지 않는다.

9. 산술은 기본만 알면 된다

산술 역시 육예六藝의 중요한 일이었다. 예로부터 학자로서 천도天道를 논하고 율력을 정하는 이들은 모두가 산술을 배워서 능통했다. 하지만 선비의 일을 겸하여 잘할 수는 있어도 이것만 전업으로 할 수는 없다.

강남에서는 산술을 배우는 선비가 아주 적었다. 오직 범양 땅의 조환祖暅만 여기에 정통하여 지위가 남강태수에 이르렀다. 반면에 하북에는 이 산술을 잘 아는 선비들이 많다.

10. 의약은 구급용만 알면 된다

의약에 관한 일은 오묘한 경지에 오르기가 매우 어렵다. 그러므로 너희들이 의약의 전문가로 자처하기를 나는 권하지 않는다. 다만 약의 성질이나 약간 알아서 조금씩 섞어 조제하여 집에서 구급용으로 쓸 수 있다면 훌륭한 일이다. 황보밀皇甫謐과 은중감殷仲堪이 그렇게 했던 사람들이다.

11. 거문고는 기본만 타라

《예기》〈곡례曲禮〉에 "군자는 까닭 없이 거문고를 치우지 않는다."고 했다. 그래서 예로부터 명사 중에는 거문고를 애호한 이들이 많았다.

양나라 초기에 이르러서는 사대부의 자손들 중 거문고를 탈 줄 모르는 사람은 흠결이 있다고 일컬어졌다. 그런데 대동(大同, 535~546) 말기에 이르러, 선비가 거문고 타는 기풍이 뚝 끊어졌다.

그렇지만 거문고 음악은 아취가 은은하고 깊은 맛이 있다. 오늘날은 곡의 구성이 비록 예전과는 달라졌지만 그래도 마음과 정신을 고양시키기에 충분하다.

하지만 나는 너희들에게 거문고 연주로 칭송받으라고 할 수는 없다. 유일한 까닭은, 공신 귀족들에게 부림을 당하고 아랫자리에 앉아 남은 술잔에 식은 고기나 받아먹는 치욕을 당할까 봐서이다.

초나라 사람으로서 대규戴逵는 젊어서 널리 학문을 닦았고 글을 잘 지었으며, 거문고 연주를 잘했다. 무릉왕 희가 사람을 시켜 그를 불렀다. 대규는 사자使者 앞에서 거문고를 부수고 "나는 왕공의 광대 노릇은 하지 않소이다."라고 했다. 대규조차도 그런 치욕을 당했다.

그러니 너희가 혹여 거문고를 잘 타게 되면 그런 치욕을 당하지 않는다는 보장이 어디 있느냐! 그러니 거문고를 너무 잘 타려 하지 말아라.

12. 바둑은 가끔 하면 괜찮다

《논어》〈양화陽貨〉에는 "박博이나 바둑 같은 것이 있지 않느냐? 그것이라도 하는 것이 그만두는 것보다는 나을 것이다."고 했다. 그러나 《공자가어》는 "군자는 박을 하지 않는다. 나쁜 작용을 함께 일으키기 때문이다."라 했다.

이로써 생각해 보면, 성인은 박博이나 바둑을 가르침으로 삼지는 않았다. 다만 공부하는 사람들이 늘 글에 집중할 수는 없다. 그러므로 가끔 피곤하거나 지칠 때 간혹 그런 것을 해보는 것이 그냥 배불리 먹고 잠만 자거나 우두커니 앉아 있는 것보다는 낫지 않겠냐는 것일 뿐이다.

오나라 태자는 박이나 바둑을 무익한 것이라 여기고서 위소韋昭에게 무용론을 논하도록 명했다. 또 왕숙·갈홍·도간 등은 박이나 바둑을 눈으로 보거나 손으로 잡는 것조차 허용치 않았다. 이런 생각은 모두 근면하고 독실한 마음에서 나온 것이니, 능히 그럴 수 있다면 훌륭한 일이다.

옛날에 큰 내기라면 육저六箸를 했고, 작은 내기라면 이경二熒을 했다. 그런데 지금은 할 줄 아는 사람이 없다. 근래에 하는 것으로 주사위 하나에 말 열두 개로 하는 놀이가 있다. 그것은 수나 방법이 얕고 간단해서 즐기기에 부족하다.

바둑은 '수담手談'이니 '좌은坐隱'이니 하는 명칭이 있듯이 상당히 점잖은 놀이다. 다만 사람들로 하여금 지나치게 빠져들게 하여 일상사를 잊고 놓아버리게 만드는 일이 실로 많다. 그러니 바둑을 일상으로 해서 거기에 빠져서는 안 된다. 그저 어쩌다 가끔 머리 식히는 정도로만 하는 것이 좋다.

13. 투호投壺와 탄기彈棋는 가끔 놀이로만 하라

투호의 예법은 근세에 와서 더욱 정교해졌다. 옛날에 항아리를 팥으로 채운 것은 화살이 튀어 오르기 때문이었다.

그런데 오늘날에는 오로지 화살을 튀어 오르게 하려고 애쓴다. 화살이 많이 튀어나올수록 더 좋아한다. 던진 화살이 떨어져서 항아리 밖에 놓인 자세에 따라 의간倚竿, 대검帶劍, 낭호狼壺, 표미豹尾, 용수龍首 등의 이름이 생겼다.

'의간'은 화살이 항아리 입구에 비스듬히 기대 있는 것이다. '대검'은 화살이 긴 주둥이를 가진 항아리에 달린 두 개의 귀 가운데 하나의 귀를 꿰뚫고 바닥에 닿지 않고 걸려있는 것이다. '낭호'는 항아리 입구에서 빙빙 돌다가 의간이 된 것이다. '표미' 또는 용미龍尾는 의간이 된 화살의 깃이 자신을 향한 것이다. '용수'는 의간이 된 화살의 앞머리가 자신을 향한 것이다.

특히 뛰어난 솜씨로 '연화효蓮花驍'라는 것이 있다 효驍는 화살을 던져서 그 화살이 항아리에 들어갈 듯하다가 다시 튀어나와서, 항아리의 입구나 귀에 걸쳐진 것을 이른다. 연화효는 그 중 가장 멋있고 아름다운 기술이다.

여남의 주귀周璝는 주홍정周弘正의 아들이고, 회계의 하휘賀徽는 하혁賀革의 아들이었다. 이들은 모두 화살 하나로 능히 마흔 번 이상 튀어오르게 할 수 있었다. 하휘는 또 일찍이 조그만 가리개를 만들어, 항아리를 그 뒤에 두고 가리개 너머로 던졌는데, 실패한 것이 없었다.

업鄴에 온 이래로 광녕왕廣寧王과 난릉무왕蘭陵武王 등이 정교한 투호 도구들을 가지고 있는 것을 보았다. 하지만 온 나라 안에 화살을 던져 한 번이라도 튀어오르게 할 수 있는 사람은 끝내 볼 수 없었다.

탄기 역시 근래에 나온 점잖은 놀이이다. 시름을 녹여주고 심란함을 풀어주므로 때때로 해볼 만하다.

제20편 장례는 간소히 하라

1. 언제 죽을지 모른다

죽음이란 사람에게 정해진 몫이니 벗어날 수 없다.

내 나이 열아홉에 양나라의 난리를 겪으며, 그사이 시퍼런 칼날에 맞아 죽을 뻔했던 것도 일찍이 몇 차례나 되었다. 하지만 요행히 남은 복을 받들어 오늘에 이를 수 있었다.

옛사람은 "나이 쉰이면 요절은 아니다."고 말했다. 내 나이 이미 예순이 넘었으니 마음은 담담하고 앞으로 살 햇수에 연연하지 않는다.

앞서 풍질風疾의 기미가 있었다. 그 이후로 나는 늘 갑자기 죽을지도 모른다는 생각을 하며 살고 있다. 그래서 평소에 품고 있던 생각을 적어 너희들에 대한 당부로 삼는다.

2. 부모님 산소와 집안 형편

돌아가신 부모님은 아직 고향인 건업建鄴의 선산으로 돌아가시지 못하고, 객지인 강릉의 성곽 동쪽에 묻혀 계신다.

양나라 원제 때인 승성(承聖, 552~555) 말에 이미 산소를 양도揚都로 옮기고 싶다고 황제께 글을 올리고 이장하려고 했다. 황제가 허락하시면서 은 백 냥을 하사하셨다. 이에 나는 양주揚州 교외의 작은 마을 북쪽 땅에서 이미 기와까지 굽고 있었다. 그런데 갑자기 뜻하지 않게 양나라가 망하였다. 그후 이렇게 떠돌아다닌 지가 수십 년이다. 그러니 이젠 고향으로 돌아갈 희망조차 끊어졌다.

지금 비록 수隋나라로 통일은 되었지만, 집안 형편이 곤궁하니 무슨 수로 고향으로 이장해 모실 비용을 마련할 수 있겠느냐? 또한 양나라의 수도는 파괴되어 남은 것 하나 없다. 게다가 낮고 습한 곳에 모시는 것이 반드시 좋은 생각이라고 할 수만은 없다.

내 자신에 대한 책망과 질책이 심장을 꿰뚫고 골수에 사무친다. 생각해보면 양나라가 망한 뒤에 우리 형제들은 벼슬에 나가서는 안 되었다. 다만 타향에 옮겨와서 살다 보니, 집안이 기울어 형제들은 외롭고 약했고 가까운 곳에 방계 친척 하나도 없었다. 의지할 만한 조상의 음덕도 없었다. 너희들로 하여금 천한 일에서 벗어나지 못하게 한다면 선조들을 욕되게 하는 것이라고 생각했다. 그래서 사람들 사이에서 부끄러움을 무릅쓰고 벼슬을 감히 그만두지 못하였던 것이다.

아울러 북방은 정교政教가 엄격해서 은퇴하는 이가 전혀 없기 때문이기도 했다.

3. 내 장례와 제사는 간소히 하라

내가 올해 노환이 닥쳐 혹 갑자기 죽을지 모른다. 어찌 예를 갖추어 장사 치르기를 바라겠느냐?

어느 날 내가 숨을 거두면, 목욕이나 해주면 그만이다. 초혼招魂을 하거나 복백復魄을 하느라 애쓰지 말아라. 염殮은 그냥 평상복으로 하여라.

너희 할머님께서 돌아가실 때 여러 해 기근이 들어 집안 형편이 몹시 궁핍했다. 우리 형제들이 어려서, 관과 기물이 모두 소홀했다. 또 무덤 안에도 벽돌을 쓰지 못했다.

너희들에게 부탁한다. 나는 두께 두 치의 소나무 관과 옷과 모자

외에 한 가지라도 덧붙여서는 안 된다. 관 바닥에는 칠성판만 두도록 하여라.

밀랍으로 만든 노아弩牙나, 옥 돼지, 주석 인형 같은 것들은 다 그만두어야 한다. 곡식 항아리나 명기明器 등도 마련해서는 안 된다. 비문이나 명정銘旌 따위는 더 말할 것도 없다.

내 시신은 영구 수레에 실어다가 흙을 깔고 내려놓아라. 무덤은 평평하게 만들고 봉분은 하지 말아라. 영연靈筵에는 베개와 안석을 두지 말아라. 만약 성묘 때 묘역을 못 찾을까 걱정되면, 전후좌우에 나지막한 담이나 하나 쌓아두고 거기에 개별적인 표시나 해놓으면 그만이다.

삭망·소상·대상의 제사와 담제禫祭 때에는 오로지 흰죽과 맑은 물, 마른 대추만 올리도록 하여라. 술이나 고기, 떡이나 과일 같은 제수를 올려서는 안 된다. 친구들이 와서 술을 부어 추모하겠다고 하더라도 모두 다 사양하여라.

너희들이 만약 내 뜻을 어기고 돌아가신 너희 할머님보다 더 후하게 제사 지낸다면 너희 아비를 불효에 빠뜨리는 것이다. 그러니 너희들도 편안하겠느냐?

부처님께 공덕 바치는 일은 힘닿는 데까지만 하면 된다. 지나치게 하여, 생활비를 축내어 식구들을 춥고 배고프게 만들어서는 안 된다.

사철 제사는 주공과 공자께서 가르치신 것으로, 사람들이 자신들 어버이의 은덕을 잊어버리지 않고 효도를 망각하지 않도록 하기 위한 것이다. 하지만 불경에 비추어보면 무익한 것이다. 더군다나 살생까지 하면서 지낸다면 도리어 죄를 더 짓는 것이다.

만약 망극한 은덕에 보답하고 싶고 계절에 따라 그립고 슬퍼진다면, 가끔 부처님께 공양이나 드리도록 하여라. 그리고 7월 15일에 우란분재盂蘭盆齋나 올려줄 것을 너희에게 바란다.

※ 〈편역자 생각〉

안지추 선생은 자신의 장례와 제사를 간소히 해달라고 후손에게 당부했다. 장례를 치를 때 봉분도 하지 말고 비석도 세우지 말고 평장平葬을 하라는 것은 시대를 매우 앞서간 생각이다. 제사도 술, 고기, 떡, 과일을 제수로 올리지 말라 한 것 역시 대단히 혁신적인 요구이다. 1,500년 후의 우리보다도 오히려 더 개혁적이다. 우리는 지금도 장례를 치를 때 봉분도 하고 석물도 많이 세우는 사람도 있다. 또 제사는 제수를 많이 차려 올려야 효도라고 생각하기도 한다. 그런 점에서 장례와 제사에 대한 안지추 선생의 검소한 정신은 우리가 배울 점이 많다.

4. 입신양명이 진정한 효도다

공자께서 양친을 묻으며 말씀하셨다.

"옛날에는 묘를 만들면서 봉분을 하지 않았다. 하지만 나는 동서남북으로 돌아다니는 사람이니 표지를 해놓지 않을 수 없다."

그러시고서 흙을 돋우셨는데, 높이가 넉 자였다.

그러니 군자가 세상사에 응하여 도리를 실행하다 보면 아무래도 산소를 지키지 못할 때도 있는 법이다. 하물며 일에 쫓겨 바쁠 때야 더 말할 나위 있으랴!

나는 지금 객지에서 떠도는 뜬구름 같은 신세라 내가 묻힐 곳이 어디가 될지 끝내 알 수가 없다. 그러니 숨이 끊어지는 곳에 그냥 묻으면 된다.

너희들은 마땅히 전해오는 가업으로 입신양명立身揚名하는 일에 힘쓸 것이다. 썩은 흙에 지나지 않는 부모의 무덤에 연연하다가 이름도 못 내고 썩어 없어져서는 안 될 것이다. 후손이 잘 되는 것이 조상을 영광스럽게 하는 일임을 명심하라.

동양고전신역 09

쉽게 배우는 안씨가훈 정가 23,000원

2025년 04월 20일 초판 인쇄
2025년 04월 30일 초판 발행

편 역 김창진
편 집 박상수
교 정 박상수
출 판 백준철
관 리 권원오
보 급 신양선

발 행 인 김 현
발 행 처 사단법인 전통문화연구회
서울 종로구 삼봉로 81 두산위브파빌리온 1332호
전화 : (02)762-8401 전송 : (02)747-0083
전자우편 : juntong@juntong.or.kr
홈페이지 : juntong.or.kr
사이버書堂 : cyberseodang.or.kr
온라인서점 : book.cyberseodang.or.kr
등 록 1989. 7. 3. 제1-936호
총 판 한국출판협동조합(070-7119-1750)

I S B N 979-11-5794-297-8 (04080)
978-89-5794-000-4 (세트)

전통문화연구회 도서목록

범례 : 周易正義 1~4〔全15〕– 전체 15책 계획, 현재 1~4책만 간행된 경우

新編 基礎漢文教材

新編 四字小學·推句	고전교육연구실 編譯	11,000원
新編 啓蒙篇·童蒙先習	고전교육연구실 編譯	11,000원
新編 明心寶鑑	李祉坤·元周用 譯註	15,000원
新編 擊蒙要訣	咸賢贊 譯註	12,000원
新編 註解千字文	李忠九 譯註	12,000원
新編 原文으로 읽는 故事成語	元周用 編譯	15,000원
新編 唐音註解選	權卿相 譯註	22,000원

漢文讀解捷徑시리즈

(개정판) 漢文독해기본패턴	고전교육연구실 著	20,000원
논어독해 첫걸음	고전교육연구실 著	17,000원
맹자독해 첫걸음		근간
한문독해첩경 – 文學篇	朴相水·李和春 외 著	17,000원
한문독해첩경 – 史學篇	朴相水·李和春 외 著	17,000원
한문독해첩경 – 哲學篇	朴相水·李和春 외 著	17,000원

五書五經讀本

論語集註 上·下	鄭太鉉 譯註	合 49,000원
孟子集註 上·下	田炳秀 外 譯註	合 60,000원
大學·中庸集註	李光虎 外 譯註	15,000원
小學集註 上·下	李忠九 外 譯註	合 50,000원
詩經集傳 上·中·下	朴小東 譯註	合 90,000원
書經集傳 上·中·下	金東柱 譯註	合 90,000원
周易傳義 元·亨·利·貞	崔英辰 外 譯註	合 120,000원
詳說 古文眞寶大全後集 上·下	李相夏 外 譯註	合 64,000원
春秋左氏傳 上·中·下	許鎬九 外 譯註	合 109,000원
禮記 上·中·下	成百曉 外 譯註	合 90,000원

東洋古典國譯叢書

大學·中庸集註 – 개정증보판	成百曉 譯註	12,000원
論語集註 – 개정증보판	成百曉 譯註	30,000원
孟子集註 – 개정증보판	成百曉 譯註	30,000원
詩經集傳 上·下	成百曉 譯註	合 70,000원
書經集傳 上·下	成百曉 譯註	合 66,000원
周易傳義 上·下	成百曉 譯註	合 80,000원
小學集註	成百曉 譯註	30,000원
古文眞寶 後集	成百曉 譯註	32,000원

東洋古典譯註叢書

〈經部〉

〔十三經注疏〕

周易正義 1~4	成百曉 外 譯註	合 147,000원
尙書正義 1~7	金東柱 譯註	合 241,000원
毛詩正義 1~8〔全15〕	朴小東 外 譯註	合 288,000원
禮記正義 1~3, 中庸·大學	李光虎 外 譯註	合 117,000원
論語注疏 1~3	鄭太鉉 外 譯註	合 117,000원
孟子注疏 1~4〔全5〕	崔彩基 外 譯註	合 124,000원
孝經注疏	鄭太鉉 外 譯註	35,000원
周禮注疏 1~4〔全15〕	金容天 外 譯註	合 129,000원
春秋左傳正義 1~2〔全18〕	許鎬九 外 譯註	合 59,000원
春秋公羊傳注疏 1〔全7〕	宋基采 外 譯註	合 37,000원

春秋左氏傳 1~8	鄭太鉉 譯註	合 255,000원
禮記集說大全 1~6〔全10〕	辛承云 外 譯註	合 206,000원
東萊博議 1~5	鄭太鉉 外 譯註	合 172,000원
韓詩外傳 1~2	許敬震 外 譯註	合 65,000원
說文解字注 1~5〔全20〕	李忠九 外 譯註	合 172,000원

〈史部〉

思政殿訓義 資治通鑑綱目 1~23〔全39〕	辛承云 外 譯註	合 710,000원
通鑑節要 1~9	成百曉 譯註	合 316,000원
唐陸宣公奏議 1~2	沈慶昊 外 譯註	合 88,000원
貞觀政要集論 1~4	李忠九 外 譯註	合 109,000원
列女傳補注 1~2	崔秉準 外 譯註	合 68,000원
歷代君鑑 1~4	洪起殷 外 譯註	合 140,000원

〈子部〉

孔子家語 1~2	許敬震 外 譯註	合 79,000원
管子 1~4〔全5〕	李錫明 外 譯註	合 130,000원
近思錄集解 1~3	成百曉 譯註	合 106,000원
老子道德經注	金是天 譯註	30,000원
大學衍義 1~5〔全7〕	辛承云 外 譯註	合 148,000원
墨子閒詁 1~7	李相夏 外 譯註	合 267,000원
說苑 1~2	許鎬九 譯註	合 50,000원
世說新語補 1~5	金鎭玉 外 譯註	合 181,000원
荀子集解 1~7	宋基采 譯註	合 238,000원
心經附註	成百曉 譯註	38,000원
顔氏家訓 1~2	鄭在書 外 譯註	合 59,000원
揚子法言 1〔全2〕	朴勝珠 譯註	24,000원

列子鬳齋口義 崔秉準·孔勤植·權憲俊 共譯 40,000원
二程全書 1~6〔全8〕 崔錫起·外 譯註 合 220,000원
莊子 1~4 安炳周·田好根 共譯 合 143,000원
政經·牧民心鑑 洪起殷·全百燦 譯註 27,000원
韓非子集解 1~5 許鎬九 外 譯註 合 202,000원

〔武經七書直解〕

孫武子直解·吳子直解 成百曉 外 譯註 45,000원
六韜直解·三略直解 成百曉 外 譯註 26,000원
尉繚子直解·李衛公問對直解 成百曉 外 譯註 26,000원
司馬法直解 成百曉 外 譯註 26,000원

〈集部〉

古文眞寶 前集 成百曉 譯註 30,000원
唐詩三百首 1~3 宋載卲 外 譯註 合 127,000원

〔唐宋八大家文抄〕

韓愈 1~3 鄭太鉉 譯註 合 78,000원
柳宗元 1~2 宋基采 譯註 合 44,000원
歐陽脩 1~7 李相夏 譯註 合 220,000원
王安石 1~2 申用浩 外 共譯 合 45,000원
曾鞏 宋基采 譯註 25,000원
蘇洵 李章佑 外 譯註 25,000원
蘇軾 1~5 成百曉 譯註 合 110,000원
蘇轍 1~3 金東柱 譯註 合 64,000원

〔明淸八大家文鈔〕

1 歸有光·方苞 李相夏 外 譯註 35,000원
2 劉大櫆·姚鼐 李相夏 外 譯註 35,000원
3 梅曾亮·曾國藩 李相夏 外 譯註 38,000원
4 張裕釗·吳汝綸 李相夏 外 譯註 50,000원

東洋古典新譯

당시선 송재소·최경렬·김영죽 편역 24,000원
손자병법 성백효 역주 14,000원
장자 안병주·전호근·김형석 역주 13,000원
고문진보 후집 신용호 번역 28,000원
노자도덕경 김시천 역주 15,000원
고문진보 전집 上·下 신용호 번역 各 22,000원

신식 비문척독 박상수 번역 25,000원
쉽게 배우는 안씨가훈 김창진 편역 23,000원

동양문화총서

동양사상 해설과 원전 정규훈 外 저 22,000원
화합의 길 《중용》 읽기 금장태 저 20,000원
호설과 시장 신용호 저 20,000원
어느 노학자의 젊은 시절 심재기 저 22,000원

문화문고

경전으로 본 세계종교 그리스도교 이정배 편저 10,000원
〃 도교 이강수 편역 13,000원
〃 천도교 윤석산 외 편저 10,000원
〃 힌두교 길희성 편역 10,000원
〃 유교 이기동 편저 10,000원
〃 불교 김용표 편저 22,000원
〃 이슬람 김영경 편역 13,000원
논어·대학·중용 조수익·박승주 공역 13,000원
맹자 조수익·박승주 공역 10,000원
소학 박승주·조수익 공역 10,000원
십구사략 1~2 정광호 저 合 24,000원
무경칠서 손자병법·오자병법 성백효 역 13,000원
〃 육도·삼략 성백효 역 10,000원
〃 사마법·울료자·이위공문대 성백효 역 10,000원
당시선 송재소·최경렬·김영죽 편역 10,000원
한문문법 이상진 저 13,000원
한자한문전통교재 조수익·이성민 공역 13,000원
士小節 선비 집안의 작은 예절 이동희 편역 13,000원
儒學이란 무엇인가 이동희 저 18,000원
동아시아의 유교와 전통문화 이동희 저 13,000원
현대인, 동양고전에서 길을 찾다 이동희 저 10,000원
100자에 담긴 한자문화 이야기 김경수 저 12,000원
우리 설화 1~2 김동주 편역 合 20,000원
대한민국 국무총리 이재원 저 10,000원
백운거사 이규보의 문학인생 신용호 저 14,000원